MIT **Gefühl** Leben!
SELF-COMPASS

Ronald P. Schweppe

5-Wochen-Kurs
Glückliche Kinder

Nr. 1

Erziehung in Liebe und Achtsamkeit

systemed

Impressum.

Redaktion:	systemed Verlag, Lünen
Umschlagestaltung und Buchsatz:	Christiane Schuster
	www.kapazunder.de
Illustrationen:	Wolfgang Pfau
	www.pfau-design.de
Druck:	Florjancic Tisk d.o.o., Slowenien
ISBN:	978-3-95814-000-4

1. Auflage

Ronald P. Schweppe, Jahrgang 1962, ist erfolgreicher Autor zahlreicher Ratgeber im Bereich Psychologie und Spiritualität und beschäftigt sich seit vielen Jahren mit meditativen Übungswegen aus Ost und West. Nach seinem Musikstudium am Richard-Strauß-Konservatorium in München machte er eine Ausbildung in NLP und »Stressbewältigung durch Achtsamkeit« (MBSR). Gemeinsam mit Dr. Julia Bollwein und Aljoscha Long gründete er das Institut für Achtsames Essen (www.institut-fuer-achtsames-essen.de).

Vorwort: Ein Herz für Kinder

Unsere Kinder liegen uns am Herzen. Wir wünschen ihnen Glück, wünschen ihnen, dass sie frei und unbeschwert aufwachsen mögen. Trotz aller Schwierigkeiten, die im gemeinsamen Alltag auftreten, möchten wir unsere Kinder im Grunde unseres Herzens doch so erziehen, dass sie sich zu glücklichen, ausgeglichenen Erwachsenen entwickeln können.

Doch was brauchen Kinder? Brauchen sie Aufmerksamkeit, Freiraum und schöne Erfahrungen, die es ihnen ermöglichen, neue Fähigkeiten zu entwickeln und ihre Begabungen zu entdecken? Zweifellos! Brauchen sie Vertrauen, Mut, Geborgenheit und positive Vorbilder? Ganz bestimmt sogar! Doch wo ist der gemeinsame Nenner? Wo liegen die Wurzeln für eine harmonische Erziehung, die die vertrauensvolle Beziehung zwischen Eltern und Kindern ermöglicht? Ganz einfach: Diese Wurzeln liegen in der Fähigkeit, Mitgefühl zu empfinden und zu entwickeln.

Die moderne Forschung bestätigt, was Weisheitslehrer seit jeher sagen: Nur wer sich selbst liebt, kann auch andere lieben. Nur wer mit sich selbst Freundschaft schließt, kann auch seinen Kindern Wärme, Vertrauen und Kraft schenken.

Entwickeln Sie die Fähigkeit, sich selbst zu lieben und freundlich mit sich selbst umzugehen. So werden Sie ganz von selbst gelassener auch und vor allem im Zusammenleben mit Ihren Kindern. Indem Sie Mitgefühl und Herzensgüte in sich selbst fördern, können Sie den Kreislauf aus Grübeln, Sorgen, Leistungsdenken und Perfektionszwang durchbrechen. Und so werden Sie nicht nur Ihr eigenes Leben, sondern auch das Ihrer Kinder verzaubern.

Warum dieses Buch?

Ein oder gar mehrere Kinder zu erziehen ist kein Spaziergang. Erziehung ist ein steiniger Weg mit vielen Stolperfallen, erst recht, wenn wir diesen Weg ohne Partner und somit ohne Unterstützung beschreiten müssen. Setzen wir uns dann auch noch selbst unter Druck, indem wir versuchen, die »perfekte Mutter« oder der »perfekte Vater« zu sein, stecken wir schnell im Teufelskreis aus Streitereien, Machtkämpfen und Erschöpfung.

Die effektivste Möglichkeit, uns von Erziehungsstress zu befreien, besteht darin, dass wir damit aufhören, uns selbst ständig zu verurteilen und schlecht zu machen. Nur dann werden wir auch irgendwann automatisch damit aufhören, unsere Kinder zu kritisieren, sie mit anderen zu vergleichen und sie für das, was sie sind, zu verurteilen.

Dieses Buch gründet auf einer schlichten Erkenntnis: Die buddhistische Sicht, wonach wir uns erst selbst liebevoll annehmen lernen müssen, bevor wir anderen gegenüber offen sein können, trifft hundertprozentig zu! Als Vater von drei Kindern (die im Moment zwischen fünf und elf Jahre alt sind) habe ich reichlich Gelegenheit, dies tagtäglich zu erfahren. Unser Leben wird schlagartig einfacher und erfüllter, sobald es uns gelingt, uns selbst zu mögen. Und da Kinder nur glücklich und entspannt sein können, wenn ihre Eltern das sind, führt die Entwicklung von Mitgefühl immer zu einer Win-Win-Lösung — mit anderen Worten: Alle haben was davon.

Es gibt kein Patentrezept, wie man Kinder »richtig« erzieht. Aber es gibt hilfreiche Strategien, und die vielleicht wichtigste finden wir bereits in der Bibel: »Liebe deinen Nächsten, wie dich selbst.« Natürlich weiß ich nicht, wie alt Ihre Kinder sind. Und sicher macht es einen großen Unterschied, ob Sie es mit einem dreijährigen Trotzkopf oder einer 15-jährigen Tochter, die auf dem besten Weg zu einer jungen Frau ist, zu tun haben. Doch das Prinzip des Mitgefühls ist immer gleichermaßen wertvoll. Die Fähigkeit, mit sich und seinen Kindern liebevoll, fürsorglich und mit Akzeptanz umzugehen, erspart uns und unseren Kindern Stress und Frustrationen.

Ziel dieses Buches ist es, Ihnen in aller Kürze und zugleich in spielerischer und kreativer Weise das Wunder des Mitgefühls nahe zu bringen. Dabei wird es vor allem um die Praxis, die Selbsterkenntnis und die Umsetzung von (Selbst-)Mitgefühl im Alltag gehen.

Auf diesem spannenden Weg wünsche ich Ihnen und Ihren Kindern viele interessante und bereichernde Erfahrungen.

I. Das Wunder des (Selbst-)Mitgefühls

Kinder zu erziehen ist gar nicht so schwer. Wenn Sie lernen, auf die Stimme Ihres Herzens zu hören, statt sich von den oft so widersprüchlichen »Expertenratschlägen« verwirren zu lassen, haben Sie praktisch schon gewonnen. Verabschieden Sie sich von der Vorstellung, dass Sie verantwortlich dafür wären, Ihre Kinder immerzu und rundum glücklich zu machen. Kinder brauchen Tag für Tag Nahrung, Kleidung, Sicherheit, Unterhaltung, Bildung, Aufmerksamkeit, Zeit und natürlich noch jede Menge Spielzeug. Wenn Sie all diesen Anforderungen gerecht werden wollen, werden Sie eine Menge Stress erfahren und früher oder später (eher früher) werden Ihre Kinder Ihnen gewaltig auf die Nerven gehen.

Das Leben ist kein »Tischlein-deck-dich«, und je früher Ihre Kinder das verstehen, umso besser. Das heißt aber nicht, dass wir unsere Kinder vernachlässigen oder auf »Zucht und Ordnung« setzen sollen. Trotz der Unzulänglichkeiten, die das Leben mit sich bringt, können wir lernen, entspannt, achtsam und liebevoll zu handeln. Und das ist eine richtig gute Idee, denn auch, wenn es gesellschaftlich anerkannt sein mag »hart an sich zu arbeiten« und »die Zähne zusammenzubeißen« – glücklich und ausgeglichen werden Sie auf diese Weise nicht. Und Ihre Kinder sicher auch nicht.

Drei Rezepte für eine harmonische Erziehung:

Was sagt die Wissenschaft?

Seit mehr als zehn Jahren werden die Wirkungen von Mitgefühl weltweit intensiv erforscht. Die Studien zu den Auswirkungen des (Selbst-) Mitgefühls überschneiden sich teilweise mit denen der Achtsamkeitsforschung. Beide Zweige nehmen in der akademischen Psychologie immer mehr Raum ein. Dabei wird immer deutlicher, dass Selbstmitgefühl die Fähigkeit zu mehr Achtsamkeit erhöht und umgekehrt.

Die meisten Studien zum Thema Achtsamkeit gründen auf der Pionierarbeit des US-Forschers und Molekularbiologen Jon Kabat-Zinn, der der Begründer von »MBSR« ist (»Mindfulness based stress reduction« = »Stressreduktion durch Achtsamkeit«). Im Gegensatz dazu gilt Kirstin Neff, Psychologin an der Universität von Austin, Texas, als Mutter der Selbstmitgefühlsforschung.

Gehirnscans von Probanden im Magnetresonanztomografen bestätigen, dass schon wenige Wochen Mitgefühlspraxis genügen, um Gehirnbereiche, die mit Gelassenheit, Zufriedenheit und Freude zusammenhängen, deutlich zu aktivieren. Im klinischen Setting wurde gezeigt, dass Patienten aus dem Bereich der psychosozialen Gesundheitsfürsorge durch ein mehrwöchiges, auf die Entwicklung von Mitgefühl gerichtetes Training Depressionen, Stress, Angst- und Schlafstörungen sowie Burn-out entgegenwirken konnten.

Kontrollierte Studien mit klinischen und nichtklinischen Probanden sowie Untersuchungen mit Kursteilnehmern zeigten in beeindruckender Weise die vielfältigen Wirkungen der Mitgefühlspraxis. Durch diese Praxis tragen Sie dazu bei,

- Ihre emotionale Resilienz, als die Fähigkeit, besser mit Stress umzugehen, zu erhöhen,

- Ihre Achtsamkeit und Konzentrationsfähigkeit zu steigern,

- die Grübelspirale zu durchbrechen und Sorgen, Ängsten und Depressionen entgegenzuwirken,

- das Immunsystem zu stärken und die Selbstheilung zu aktivieren,

- Ihre emotionale Intelligenz zu erhöhen und mehr Empathie für sich und andere zu entwickeln,

- Ihrem Optimismus, Ihrer Kreativität und Spontaneität Flügel zu verleihen,
- toleranter zu werden und sich selbst oder anderen leichter zu verzeihen.

Neben diesen erforschten Wirkungen berichten Kursteilnehmer noch über zahlreiche weitere. Dazu gehören etwa die Fähigkeit, intensiver zu empfinden, sich von Wertungen zu befreien und freundlicher und gelassener zu werden. Oder die Fähigkeit, seine Bedürfnisse und wahren Ziele besser zu erkennen und auch in Krisensituationen geduldiger mit sich und anderen – beispielsweise den eigenen Kindern – umzugehen.

Was ist Mitgefühl überhaupt?

»Selbstmitgefühl« ist kein besonders gängiger Begriff. Vielleicht haben Sie ja Lust, sich kurz selbst ein paar Gedanken darüber zu machen, was es für Sie bedeutet, mitfühlend zu sein. Schreiben Sie alle Begriffe auf, die Ihnen zum Thema »Mitgefühl" spontan einfallen (zum Beispiel Nähe, Vertrauen ...). Notieren Sie in einem zweiten Schritt, welche positiven Wirkungen Sie sich von der Fähigkeit, mit sich selbst und anderen mitfühlender umzugehen, erhoffen würden (zum Beispiel bessere Kommunikation, besser verzeihen können ...).

Wenn ich »Mitgefühl« höre, denke ich an Begriffe wie:

Wenn ich freundlicher und mitfühlender mit mir umgehen
würde, hätte das sowohl für mich als auch für meine Kinder
den Vorteil, dass:

Nachdem Sie nun ein wenig in sich hineingehört haben, stellt sich natürlich die Frage, was Mitgefühl denn nun eigentlich genau ist. Zunächst
einmal werden Sie merken, dass ich in diesem Buch nicht sonderlich
zwischen Mitgefühl und Selbstmitgefühl unterscheide, da beide inein-
ander übergehen und Mitgefühl ohne Selbstmitgefühl gar nicht möglich
ist. Der Einfachheit halber schließe ich Selbstmitgefühl öfter im Begriff
Mitgefühl ein, denn in der Tat sind dies nur unterschiedliche Facetten
der Herzensgüte, wie Sie auch an den folgenden gängigen Definitionen
sehen werden:

● Mitgefühl ist die Fähigkeit, sich selbst und andere in ihren
   Bedürfnissen wahrzunehmen.

● Mitgefühl ist eine Form der Verbundenheit, die es ermöglicht,
   eigenes oder fremdes Leid und Schmerz zu empfinden und
   beinhaltet den Wunsch, sich oder den anderen von diesem
   Leiden zu befreien.

● Selbstmitgefühl ist die Bereitschaft, sich ebenso um sich
   selbst zu kümmern, wie man es bei einem guten Freund oder
   einer Freundin täte.

Ein Blick auf die Quellen

Der Begriff

»Self-Compassion«

(»**Selbstmitgefühl**«) steht heute im Mittelpunkt zahlreicher Bucherscheinungen und Artikel. Doch so neu wie es scheint ist das Thema nicht – genau genommen ist es sogar schon jahrtausendealt. Die Mitgefühlspraxis gründet im Buddhismus, genauer gesagt auf dem Begriff »Metta« aus der Pali-Sprache, in der Buddhas Worte niedergeschrieben wurden. »Metta« wird meist mit »**freundliches Wohlwollen**«, »**liebende Güte**« oder eben auch »**Mitgefühl**« übersetzt.

Die Elemente der buddhistischen Herzmeditation oder »**Metta-Meditation**« finden sich in der ein oder anderen Form auch in allen modernen Übungen zur Entwicklung von Mitgefühl wieder. Die während der

Herzmeditation

benutzten, kurzen Sätze bauen Vertrauen und Geborgenheit auf und befreien uns zugleich von negativen Gedankenmustern. Zudem stärken Sie die emotionale Verbundenheit zu unseren eigenen Bedürfnissen und denen unserer Kinder.

Die Missverständnisse des Mitgefühls

Viele Menschen (und vor allem Männer und Teenager) tun sich mit dem Begriff »Mitgefühl« schwer. In der Tat herrschen hier auch einige Missverständnisse. Bevor wir uns die Prinzipien des Mitgefühls genauer ansehen, möchte ich daher kurz auf einige verbreitete Irrtümer eingehen:

— Mitgefühl ist nicht Mitleid —

Mitgefühl ist eine Begegnung auf Augenhöhe, während Mitleid von oben herab blickt. Der, dem ich mein Mitleid schenke, ist das »arme Opfer«, dem es so viel schlechter geht als mir. Wer sich selbst bemitleidet, kreist ständig um seine eigenen Probleme.

Selbstmitleid führt zu der Gewohnheit des Jammerns. Mitleid lähmt und entzieht uns Energie, während Mitgefühl uns Energie schenkt. Wer andere bemitleidet, *leidet* mit dem anderen – wer mitfühlend ist, *fühlt* mit dem anderen. Mitleid neigt zu Sentimentalität, während Mitgefühl die Dinge in aller Klarheit sieht. Leider ist der Begriff »Mitgefühl« auch insofern irreführend, da Mitgefühl eigentlich kein Gefühl, als vielmehr eine Fähigkeit ist, die nicht einfach so »über uns kommt«, sondern die wir entwickeln sollten, ebenso wie etwa Achtsamkeit.

— Mitgefühl ist kein Egoismus —

Die Mitgefühlspraxis ist kein Egotrip – ganz im Gegenteil. Mitgefühl ist die Voraussetzung dafür, sich selbst und anderen gegenüber offen zu sein und harmonisch leben zu können. Nur wenn wir es schaffen, uns selbst freundlich und verständnisvoll zu begegnen, können wir allmählich auch mehr und mehr auf unsere Umgebung einwirken.

Mit Selbstverliebtheit oder Narzissmus hat das Ganze absolut nichts zu tun. Letztlich geht es um »deinen Nächsten« genauso wie um »dich selbst«; denn nur wer mit sich selbst fühlen kann, ist auch dazu in der Lage, mit anderen zu fühlen. Wer egoistisch ist, missachtet andere Menschen. Wer mitfühlend ist, achtet und unterstützt sie.

— Mitgefühl ist keine rosa Brille —

Auch wenn in der Herzmeditation mit kurzen, kraftvollen Formulierungen gearbeitet wird, handelt es sich dabei nicht um eine Variante des »positiven Denkens«. Es geht nicht darum, die Wirklichkeit zugunsten unserer Vorstellungen von der Wirklichkeit zu verwässern; auch nicht darum, Probleme zu vermeiden oder den Kopf in den Sand zu stecken, wenn es schwierig wird. Wir versuchen nicht, dem Leben einen Zuckerguss zu verpassen.

Beim Einüben von Mitgefühl wird auf suggestive Sätze wie »Ich bin gaaanz ruhig« verzichtet (die beim positiven Denken ja vor allem dann eingesetzt werden, wenn man alles andere als ruhig ist). Es geht also nicht um »leere schöne Worte«, sondern darum, seinen Geist zu öffnen und wohlwollende Absichten zu kultivieren.

Die Grundsätze des Mitgefühls

Was Mitgefühl ist, wird besonders klar,
wenn wir einen Blick auf seine
wichtigsten Prinzipien werfen:

— Achtsamkeit —

Mitgefühl ist eine besondere Variante der Achtsamkeit, die sich auf die Entwicklung fürsorglicher Gedanken und Gefühle bezieht. Mitgefühl wird daher auch als »Achtsamkeit des Herzens« bezeichnet. Nur wer achtsam ist, ist dazu in der Lage, genau hinzuspüren und zu registrieren: »Wie geht es mir eigentlich? Wie fühlt sich mein Körper an, was fühle ich gerade?«

Durch Achtsamkeit lernen wir, zu sehen, was ist. Wir hören auf, die Dinge ständig zu bewerten und zu verurteilen – beispielsweise unsere Handlungen oder die unserer Kinder.

Achtsamkeit ist die Fähigkeit, den gegenwärtigen Augenblick klar wahrzunehmen und urteilsfrei anzunehmen. Dabei lernen wir, mit dem Augenblick verbunden zu bleiben, auch wenn wir es mit problematischen Gefühlen zu tun haben. Achtsamkeit lehrt uns, einen Schritt zurückzutreten, durchzuatmen und objektiv zu sehen, was los ist, ohne sich in Dramen zu verstricken. **»Aus der Nähe betrachtet ist das Leben eine Tragödie, die sich mit etwas Abstand meist als Komödie entpuppt«,** sagte Charlie Chaplin.

— Offenheit —

Offenheit schützt uns davor, das Leben in Schubladen zu stecken. Ganz gleich, ob wir Mitgefühl oder Selbstmitgefühl entwickeln wollen – unsere Vorurteile und festgelegten Meinungen machen es uns unmöglich, uns auf den Fluss des Lebens einzulassen.

Doch gerade das ist wichtig – erst recht, wenn wir unsere Kinder unterstützen wollen. Wenn wir die Kraft finden, sie auch dann zu akzeptieren, wenn sie nicht mit unseren Idealvorstellungen übereinstimmen (was ohnehin nie der Fall sein wird), können wir uns einerseits entspannen und andererseits sehr viel mehr Nähe und Vertrauen aufbauen. Mitgefühl stellt sich ganz von selbst ein, wenn wir aufgeschlossen, zugänglich und offenherzig sind.

— Verständnis —

»Alles verstehen heißt, alles verzeihen.« Während wir mitfühlender werden, gelingt es uns immer besser, uns in den anderen hineinzuversetzen – beispielsweise in unsere Kinder. Wir erkennen, dass Scheitern und Fehler ganz normal sind. Umgekehrt führt wahres Verständnis augenblicklich dazu, dass wir unser Herz öffnen.

Wenn wir plötzlich erkennen, dass zum Beispiel unsere Tochter nur deshalb so wütend ist, weil sie in der Schule angefeindet wurde oder weil sie sich von uns nicht ernst genommen fühlt, können wir viel leichter mit ihrer Wut umgehen, als wenn wir das Gefühl haben, ihr Zorn käme »aus heiterem Himmel«.

— Verbundenheit —

Selbstmitgefühl führt dazu, dass ich mich mit mir selbst verbunden fühle. Und durch Mitgefühl verbinde ich mich mit anderen Menschen. Das Gefühl der Verbundenheit öffnet unser Herz und hilft uns, den großen Zusammenhang im Auge zu behalten: Statt uns isoliert zu fühlen und Fehler und Scheitern als »unser Problem« zu empfinden, erkennen wir, dass wir alle nur Menschen sind und dass Erfolg und Misserfolg ebenso wie Ärger, Traurigkeit oder Wut zu den ganz normalen menschlichen Erfahrungen zählen.

Da wir alle ein Teil der menschlichen Erfahrung sind, verbindet uns im Grunde mehr als uns trennt – und zwar unabhängig von Religionen, Hautfarben oder unseren so verschiedenen Meinungen darüber, wie die Welt sein sollte. Die Mitgefühlspraxis hilft uns, dies nicht nur mit dem Kopf zu erkennen, sondern es auch in unserem Herzen zu spüren.

Wenn unsere Kinder merken, dass sie sich auf uns verlassen können, dass wir für sie da sind und sie in schwierigen Phasen trösten und unterstützen, kann eine enge Verbundenheit zwischen Eltern und Kindern entstehen. Eine sichere Bindung zu den Eltern führt dazu, dass Kinder lernen, sich selbst zu lieben und sich zu glücklichen, ausgeglichenen Erwachsenen entwickeln. Im Gegensatz dazu haben Menschen mit unsicheren Bindungen im Allgemeinen wenig Selbstvertrauen und Selbstmitgefühl – das zeigen Studien.

Mitgefühl hilft uns, uns nicht länger auf das zu konzentrieren, was uns von anderen trennt, sondern darauf, was uns verbindet.

— Selbstakzeptanz —

Selbstakzeptanz ist eine Variante der Offenheit und eine der wichtigsten Zutaten für mehr Mitgefühl. Der US-Psychologe Carl Rogers hat auf das seltsame Paradoxon hingewiesen, wonach wir uns selbst nur dadurch verändern, dass wir uns so akzeptieren wie wir sind. Die Veränderung geschieht dann fast unmerklich. Das Mitgefühlskonzept besagt, dass wir lernen müssen, geduldiger mit uns umzugehen und auch unsere Fehler und Schwächen zu akzeptieren.

Das hat nichts damit zu tun, die Hände in den Schoß zu legen und »alles gut zu finden«. Natürlich ist Entwicklung wichtig und natürlich ist es oft nötig, eine neue Richtung einzuschlagen. Doch zunächst sollten wir lernen, uns selbst zu akzeptieren und loszulassen, denn sonst besteht die Gefahr, dass jede weitere Kursänderung nur noch mehr Verwirrung und Unzufriedenheit zur Folge hat.

— Selbstfreundlichkeit —

»**Metta**«, der Pali-Begriff für die liebende Güte, wird oft auch mit »**Freundlichkeit**« oder »**Wohlwollen**« übersetzt. Seit Jahren spricht der Dalai Lama über seine »**Religion der Freundlichkeit**«, und tatsächlich ließen sich die meisten Probleme auf dieser Erde lösen, wenn statt Trennung und Feindschaft Verbundenheit und Freundschaft das Tun und Lassen der Menschen bestimmen würden.

Die Praxis des Mitgefühls lädt uns dazu ein, auf unsere Schwierigkeiten oder die unserer Kinder genauso zu reagieren als wären es die eines guten Freundes. Da geht es dann nicht mehr darum, zu verurteilen oder Patentlösungen anzubieten. Viel wichtiger ist es, Verständnis für die eigene Situation zu entwickeln und uns, wenn nötig, selbst zu trösten. Selbstfreundlichkeit erfordert, dass wir gut für uns sorgen und uns selbst Warmherzigkeit entgegenbringen – gerade dann, wenn es schwer fällt.

Welche Fehler und Stärken können Sie für sich akzeptieren?

Der Baum der Selbstfreundlichkeit

Die Fähigkeit, sich anzunehmen und freundlich zu sich selbst zu sein, lässt sich mit den Wurzeln eines Baumes vergleichen. Je gesünder die Wurzeln, desto stärker werden die Äste und Zweige und desto süßer die Früchte sein.

   Die Kunst der Selbstfreundlichkeit braucht Pflege, sonst geschieht es leicht, dass sich geistiges Unkraut breit macht und uns der Früchte beraubt, die das Leben für uns bereithält. Und der vielleicht wichtigste Teil dieser Pflege besteht darin, sich immer wieder die Unterschiede zwischen egoistischer Selbstliebe und mitfühlender Selbstfreundlichkeit bewusst zu machen.

Auf der Abbildung auf der vorherigen Seite sehen Sie den »Baum der Selbstfreundlichkeit« und auf dieser Seite den »Baum des Egoismus«. Auch wenn die beiden recht ähnlich strukturiert sind, ist doch der Unterschied gewaltig, wie Sie sehen werden, wenn Sie einen Blick auf die Früchte werfen. Die Zeichnungen bieten nur ein grobes Gerüst.

Versuchen Sie doch einmal weitere Äste und Zweige einzuzeichnen – sicher fallen Ihnen sowohl noch Begriffe zum Baum des »Egoismus« wie auch zu dem positiven Baum der »Selbstfreundlichkeit« ein.

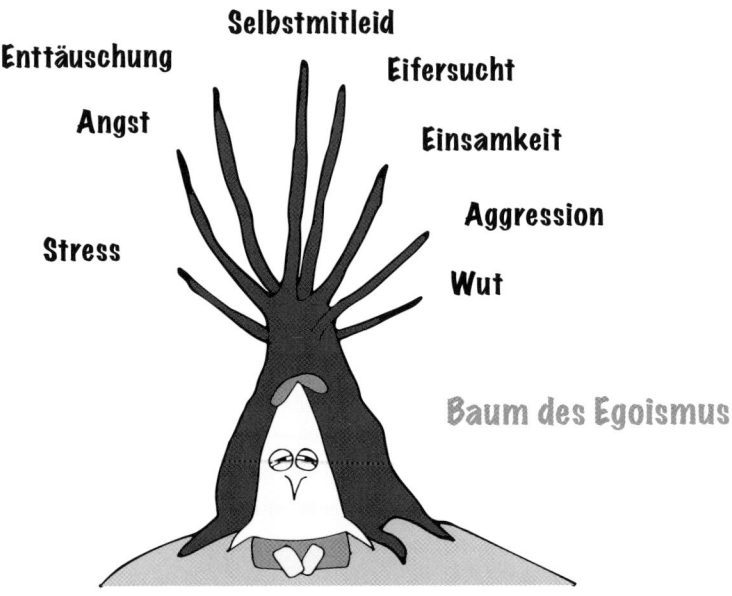

Welche Gefühle erwecken die beiden Baumabbildungen bei Ihnen? Notieren Sie hier stichpunktartig Ihre Gedanken und Empfindungen:

_____

_____

_____

Ein kleiner Test

Wie steht es momentan um Ihre Fähigkeit, mitfühlend mit sich selbst umzugehen – zum Beispiel im Erziehungsalltag? Im folgenden kleinen Test bekommen Sie schon einmal einen ersten Anhaltspunkt dafür, wie gut es um Ihre Selbstliebe steht. Natürlich kann so ein Kurztest nicht Ihre Persönlichkeit beurteilen, aber er gibt erste Hinweise.

1. *Genießen Sie es, mit Ihrem Kind zusammen zu sein?*
   a) Nein, ehrlich gesagt strengt es mich an oder langweilt mich.

   b) Das schwankt sehr.
   c) Im Grunde schon.
   d) Ja, klar.

2. *Machen Sie sich manchmal Vorwürfe, dass Sie bei Ihrem Kind etwas falsch gemacht haben?*
   a) Nein, ich mache alles richtig.
   b) Ja, oft.
   c) Manchmal, aber nicht sehr häufig.
   d) Kaum, wenn ich denke, dass ich etwas nicht gut gemacht habe, versuche ich es eben in Zukunft besser zu machen.

3. *Machen Sie sich oft Sorgen um Ihr Kind?*
   a) Nein, ich habe anderes im Kopf.
   b) Ständig.
   c) Ziemlich oft.
   d) Manchmal, aber ich wende meine Gedanken von den Sorgen ab, weil ich weiß, das Sorgen gar nichts bringen.

4. *Ich opfere mich für mein Kind auf.*
   a) Auf keinen Fall!
   b) Auf jeden Fall!
   c) Vielleicht ein bisschen.
   d) Nein, das ist für mich kein Opfer.

5. *Ich bekomme wenig Positives in der Erziehung zurück.*

  a) Stimmt total. Keiner ist dankbar,
      die Kinder schon gar nicht.
  b) Ja, es ist wenig – und das macht es mir schwer.
  c) Naja, manchmal wünsche ich mir tatsächlich
      etwas mehr Anerkennung.
  d) Nein, ich bekomme viel Positives zurück.

Auswertung

Geben Sie sich für jede **b)**-Antwort 1 Punkt, für jede **c)**-Antwort 2 Punkte
und für jedes Mal, wo Sie mit **d)** geantwortet haben 4 Punkte.
Die **a)**-Antworten zählen Sie gar nicht.

0 bis 4 Punkte 🖤

Was Ihnen gut gelingt, ist sich abzugrenzen. Ich vermute, Sie haben das
Buch in die Hand genommen, weil Sie spüren, dass Ihre starke Hinwen-
dung zu sich selbst keine richtige Selbstliebe ist – und dass sowohl Sie
als auch Ihr Partner durch Achtsamkeit und **Mitgefühl** viel gewinnen
können.

5 bis 10 Punkte 🖤 🤍

Ich kann mir vorstellen, dass Sie sich mit Ihrem Kind oft überfordert
fühlen – gerade weil Sie alles so gut wie möglich machen wollen. Dieses
Buch wird Ihnen helfen, sich mit Ihrem Kind noch wohler zu fühlen –
und Ihnen zeigen, dass die beste Erziehung die ist, bei der Sie sich gut
fühlen.

11 bis 15 Punkte 🖤 🤍 🤍

Sie haben schon ein ganz gutes intuitives Gespür dafür, was Ihnen und
Ihrem Kind in der Erziehung gut tut. Aber es ist noch zu viel Stress dabei
und Sie fragen sich manchmal, wo Sie eigentlich bleiben. In diesem
Buch möchte ich Ihnen zeigen, wie Sie mit ein bisschen Achtsamkeit
und Selbstliebe Ihre Lebensqualität verbessern können – und die Ihres
Kindes!

16 bis 20 Punkte 🖤 🤍 🤍 🤍

Was soll ich sagen? Es sieht auf den ersten Blick nicht so aus, als ob Sie
dieses Büchlein bräuchten. Aber vielleicht finden Sie doch noch ein paar
Anregungen.

II. Erziehung in Liebe und Achtsamkeit

Als ich vor einiger Zeit mit meinen kleinen Söhnen auf dem Spielplatz war, vergnügten sich die beiden am Kletterturm, während ich ein Buch las und mir die warme Abendsonne ins Gesicht scheinen ließ. Wir drei müssen da wohl ein ziemlich harmonisches Bild abgegeben haben, denn eine ältere Spaziergängerin blieb stehen, lächelte und seufzte, dass es doch wirklich nichts Schöneres gäbe, als mit Kindern zu leben.

Die Dame hat natürlich Recht: Kinder sind sehr beglückend, sie halten uns lebendig, geben unserem Dasein einen tieferen Sinn und haben zudem eine außerordentliche Begabung, uns immer wieder auf das wirklich Wesentliche hinzuweisen und uns zum Lachen zu bringen. Dennoch bezweifelte ich, dass die ältere Dame selbst Kinder hatte. Oder vielleicht hatte sie auch welche, zugleich aber auch ein paar kleine Gedächtnislücken, die ihren Blick verklärt haben mögen.

Ein Baby im Arm zu schaukeln, seinen Kindern abends Pippi Langstrumpf vorzulesen oder seiner Tochter beim Geigenvorspiel in der Musikschule die Daumen zu drücken – all das ist ohne Frage wunderbar. Aber Kinder können andererseits auch wahnsinnig anstrengend sein, können sich an der Supermarktkasse in tobsüchtige Trotzköpfe verwandeln, die Verwandten an Weihnachten mit ungezogenem Vokabular schockieren oder auch schon mal Teppiche, Vorhänge und Wände versauen und mit ihren Fahrradlenkern den Autolack zerkratzen (all das völlig unabsichtlich, versteht sich!). Und mit etwas Pech können Sie irgendwann zu faulen, schwer erziehbaren Schülern und unausstehlichen Smartphone-Monstern werden.

Schnell wird klar, dass Erziehung nicht darin bestehen kann, die Dinge einfach laufen zu lassen. *Wenigstens gelegentlich müssen wir die Führung übernehmen, die Richtung vorgeben und auch Grenzen setzen.* Und dabei merken wir, dass wir mit eiserner Disziplin ebenso wenig weiterkommen wie mit dem Motto »Mein Kind darf tun, was es will.«

Oma oder Psychologe?

Wie sollen wir uns also verhalten? Was sollen wir sagen, worüber lieber schweigen, was dürfen wir einfordern, wo sollten wir nachgeben und welche Werte wollen wir überhaupt vermitteln? All das sind schwierige Fragen. Vielleicht sind sie heute sogar noch schwerer zu beantworten als in vergangenen Jahrhunderten, wo Erziehung durch Konventionen streng geregelt war.

Wann immer wir in schwierige Situationen kommen – und Kindererziehung gehört eindeutig zu den schwierigsten – suchen wir nach Rat. An guten Erziehungsratschlägen fehlt es nicht: Psychologen und Pädagogen schreiben Bücher und treten im Fernsehen auf, ganze Zeitschriften widmen sich dem Thema »Eltern und Kind«, die Nachbarin weiß einiges dazu zu sagen und natürlich sind Schwiegereltern, Großeltern, Geschwister oder Freunde auch nicht auf den Mund gefallen, wenn es darum geht, wie man seine Kinder »richtig« erzieht.

Doch wem sollen Sie glauben? Eines sollten Sie nie vergessen: Ganz gleich, wie viele Bücher Sie lesen oder wie viele Tipps Sie beherzigen – Sie werden die Antwort nie außerhalb von sich selbst finden. Ihre Kinder sind ein Teil von Ihnen. Alle Probleme, die im Umgang mit ihnen auftreten, sind letztlich Probleme, die auch viel mit Ihren eigenen Schwierigkeiten zu tun haben. Daher werden Sie auf der ganzen Welt keinen Experten treffen, der Ihnen sagen kann, was »das Richtige« ist, denn der einzige, der das wirklich wissen und vor allem spüren kann, sind Sie selbst!

Sie glauben das nicht? Dann probieren Sie es doch am besten gleich einmal aus. Angenommen, Sie müssten sich selbst drei Ratschläge geben, die Ihnen beim Zusammenleben mit Ihren Kindern helfen – was wären die drei wichtigsten Dinge, Fähigkeiten oder Qualitäten? Was würde Ihnen und Ihren Kindern wohl besonders gut tun?

Damit meine Kinder harmonisch aufwachsen und sich gut entwickeln können, brauchen sie (brauchen wir) vor allem

----

Der Weg des Herzens

Es gibt eine einfache Abkürzung, um uns und unseren Kindern das Leben leichter zu machen: den Weg des Herzens.

Indem wir mehr auf unseren Bauch und noch mehr auf unser Herz und nicht so sehr auf unseren analytischen Verstand setzen, können wir manche Irrwege und damit auch Erziehungsfehler vermeiden. Damit wir uns nicht falsch verstehen – auch wenn wir den Weg des Herzens gehen, werden wir Fehler machen. Das ist sogar wichtig, denn ohne Fehlversuche können wir nie herausfinden, wie wir gut ans Ziel kommen. Eine erste Möglichkeit, eine mitfühlende Haltung einzuüben, besteht daher darin, dass wir dazu stehen, als Eltern Fehler machen zu dürfen.

Um unsere Kinder mitfühlender erziehen zu können, müssen wir zuallererst Mitgefühl zu uns selbst entwickeln. Dazu gehört, dass wir unsere Unvollkommenheiten als Eltern akzeptieren. Eltern sind auch nur Menschen – und je früher unsere Kinder das verstehen, desto besser. Wir werden immer wieder einmal dumme Dinge sagen, werden unsere Kinder vielleicht anschreien, werden kein Ohr für sie haben, wenn sie es dringend bräuchten oder so sehr in unseren eigenen Problemen feststecken, dass wir keinen Raum mehr für die Nöte unserer Kinder haben. All das ist bedauerlich, und es wäre schön, wenn wir jetzt schon so achtsam und weise wären, in jeder Situation gelassen und liebevoll zu sein. Sind wir aber nicht!

Entspannt bleiben

Das beste, was Sie im Moment für sich und Ihre Kinder tun können, ist, sich zu entspannen und loszulassen. Ganz so schwer, wie es scheint, ist es nämlich gar nicht, Kinder harmonisch zu erziehen. Kinder lernen nicht so sehr aus dem, was wir sagen (oder »predigen«), sondern vor allem aus dem, was wir sind. Wenn wir entspannt, gelassen und (auch uns selbst gegenüber) mitfühlend sind, dann ist dieses Vorbild für unsere Kinder hundertmal wertvoller als jedes Patentrezept.

Kinder bringen ihren eigenen Weg mit, wenn sie auf diese Welt kommen; sie müssen ihre eigenen Erfahrungen machen und dazu gehört auch, dass sie mit Enttäuschungen und leidvollen Situationen konfrontiert sein werden. Wie sonst sollten sie zu reifen, bewussten Persönlichkeiten werden? Auch wenn wir für unsere Kinder nur das Beste wollen, wissen wir einfach nicht, was dieses »Beste« denn sein soll. Oder wir sehen nicht, dass der Umweg, den unsere Kinder gehen, sie schneller ans Ziel führt.

Wir können unsere Kinder nur begrenzt schützen. Wir sollten natürlich für sie da sein, ihnen das Nötigste, was sie zum Wachsen brauchen geben und sie unterstützend begleiten. Doch Ihre Verantwortung ist nicht grenzenlos. Verabschieden Sie sich von dem Gedanken, dass Sie durch Ihre Fehler »alles kaputtmachen« würden, lassen Sie Ihre eigenen Ansprüche ein Stück weit los und entspannen Sie sich so gut es Ihnen möglich ist.

Mitfühlend bleiben

Gerade in unserer heutigen Zeit sind Mitgefühl und Selbstmitgefühl Gold wert. Doch Hand aufs Herz: Können Sie Ihren Kindern sagen, dass Sie sie lieben? Oder zumindest dass Ihnen ihr Wohlergehen am Herzen liegt?

Das ist gar nicht so einfach, stimmt's? Und der Grund dafür ist, dass wir ein wenig aus der Übung gekommen sind. Als wir selbst noch kleine Kinder waren, lebten wir eng mit und in unseren Gefühlen. Als Erwachsene haben wir uns jedoch meist weit von der Stimme unseres Herzens entfernt.

Machen Sie sich zunächst klar, dass die Entwicklung von Mitgefühl nichts mit Sentimentalität oder Gefühlsduselei zu tun hat. Mitgefühl ist eine Qualität des Herzens – Sie brauchen eine bewusste Entscheidung und die Kraft, Ihre wahren Bedürfnisse zu erkennen, um diese Qualität zu entwickeln.

Mitgefühl erfordert Mut, und zwar den Mut, achtsam hinzusehen und sich auf freundliche Weise für den Schmerz und das Leiden zu öffnen, die möglicherweise in uns selbst oder unseren Kindern vorhanden sind. Doch in dem Moment, in dem wir für uns oder unsere Kinder aufrichtig Mitgefühl empfinden, öffnet sich unser Herz und wir fühlen uns genährt und verbunden.

Im dritten Teil dieses Buches werden Sie Übungen finden, die Ihnen helfen, diese Fähigkeiten in sich zu entwickeln und in sich selbst einen Hafen der Ruhe und Entspannung zu schaffen. Der Begriff (Selbst-)Mitgefühl mag für Sie noch ein wenig ungewohnt klingen – doch es ist alles andere als Zauberei, mitfühlend zu sein. Im Grunde ist es sehr einfach, Kontakt zu seinem eigenen Herzen aufzunehmen. Allein schon durch die folgende *kleine Übung* wird Ihnen das gelingen:

Notieren Sie kurz jeweils fünf Wünsche für sich selbst und Ihr Kind (Ihre Kinder). Denken Sie nicht zu lange nach, sondern schreiben Sie spontan auf, was Ihnen einfällt. Achten Sie jedoch auf die Stimme Ihres Herzens (es geht dabei also nicht um Wünsche wie einen Bausparvertrag oder bessere Mathenoten, sondern um Dinge wie Glück, das Entdecken von Talenten usw.).

Was ich mir für mich selbst von Herzen wünsche / wonach ich mich sehne:

Was ich mir für meinen Sohn / meine Tochter / meine Kinder von Herzen wünsche:

Glücksfallen und Glücksmagneten in der Erziehung!

Wie gesagt – in Erziehungsfragen gibt es keine Patentrezepte. Wohl aber gibt es Faktoren, die Glück in der Familie anziehen wie ein Magnet, und es gibt typische Stolpersteine, die ich hier als »Glücksfallen« bezeichne. Beispielsweise ist die Gewohnheit, alles perfekt machen zu wollen oder von seinen Kindern Perfektion zu erwarten so ein Stolperstein, während die Fähigkeit, Lob auszusprechen oder richtig zuzuhören Glücksmagneten sind.

Im Folgenden wollen wir uns jeweils die fünf wichtigsten **»Glücksfallen«** und **»Glücksmagneten«** etwas genauer ansehen. Während Sie diese Faktoren kennenlernen, können Sie gleichzeitig einen kleinen Selbsttest machen. Lesen Sie sich die kurzen Texte durch und überlegen Sie, wie Sie die Frage am Ende jeder Seite auf einer Skala von

1 = *»trifft überhaupt nicht auf mich zu«*
bis
6 = *»trifft vollkommen auf mich zu«*

beantworten würden. Tragen Sie das Ergebnis dann in den Kreis am Ende der jeweiligen Seite ein – Sie werden es später für die Testauswertung brauchen.

⊕ Glücksfalle Nr. 1:
Vergleichen

Mitfühlend zu sein bedeutet, den anderen so sein zu lassen, wie er ist – mit seinen Stärken und Schwächen. Ebenso wie Achtsamkeit bewertet und verurteilt auch Mitgefühl nicht. Niemand würde von einem Schmetterling verlangen, dass er schwimmen können sollte oder von einer Forelle, dass sie fliegen soll. Doch mit uns selbst und unseren Kindern sind wir weit weniger tolerant.

Vergleiche sind Gift für die Seele: »Deine Schwester ist in Deutsch viel besser.«, »Du bist genauso unfähig wie Dein Vater.«, »Warum kannst du nicht so sportlich wie Lilli sein?« ... Auch wenn es in unserer Leistungsgesellschaft als normal gilt, dass wir uns und andere daran messen, ob wir »erfolgreich« sind und »es schaffen« – wir werden nie glücklich sein, solange wir ständig das Gefühl bekommen, nicht gut genug zu sein. Solange wir unser Leben als Wettkampf und unsere Mitmenschen als Konkurrenten empfinden, können wir nur verlieren.

Selbstmitgefühl lädt uns dazu ein, uns unserer Verbundenheit mit uns und anderen bewusst zu werden. Daher müssen wir lernen, uns von unseren Schubladen, Projektionen und Vorurteilen zu befreien und statt der Bilder, die wir von unseren Kindern haben, die Menschen zu sehen, die sie sind, sein dürfen und sein sollen.

»Ich vergleiche mich und / oder meine Kinder oft mit anderen.«

1 = ☐ *(trifft überhaupt nicht auf mich zu)*
2 = ☐
3 = ☐
4 = ☐
5 = ☐
6 = ☐ *(trifft vollkommen auf mich zu)*

Ergebnis: ⬡ *(bitte hier eintragen)*

⊕ Glücksfalle Nr. 2:
Suche nach Anerkennung

»Ihre Kinder sind aber schlecht erzogen!« Dieser Satz kann sogar selbstbewussten Eltern ordentlich zusetzen. Ohnehin werden wir ständig von anderen bewertet. Und so achten wir auf unseren »guten Ruf« – achten darauf, passend gekleidet zu sein, das passende Auto zu fahren oder unsere Kinder zu angepassten Menschen zu machen, die nicht anecken. Da wir bei der Erziehung oft unsicher sind, orientieren wir uns daran, was andere sagen: Lehrer, Psychologen, Nachbarn, Schwiegermütter.

Doch je mehr wir beginnen, auf unser Herz zu hören, desto unabhängiger werden wir von fremden Meinungen. Wir müssen uns dann nicht mehr ständig Gedanken darüber machen, »was wohl die anderen sagen werden«. Sollen die doch sagen, was sie wollen! Die Anerkennung der anderen, die Bestätigung von außen, dass wir »alles richtig machen« – um all das geht es nicht. Stattdessen geht es darum, dass wir wieder lernen, uns selbst zu vertrauen. Was nützt es uns, wenn wir vor anderen als gute Mutter (oder guter Vater) dastehen, wir uns dabei aber selbst nicht treu sind und zudem viel unnötigen Stress im Umgang mit unseren Kindern schaffen?

»Es geht mir bei der Erziehung im Grunde oft mehr um das, was die anderen denken als um meine eigenen Werte und Gefühle.«

1 = ☐ (trifft überhaupt nicht auf mich zu)
2 = ☐
3 = ☐
4 = ☐
5 = ☐
6 = ☐ (trifft vollkommen auf mich zu)

Ergebnis: ⬭ (bitte hier eintragen)

⊕ Glücksfalle Nr. 3: Perfektionismus

»Nobody is perfect« – schön und gut, das wissen wir natürlich alle. Wer aber unter Perfektionszwang leidet, dem hilft das wenig. Der Drang, alles so gut wie nur irgend möglich zu machen, ist anstrengend. Wer perfekt sein will, hat ständig Angst, Fehler zu machen – und das ist auch bei der Erziehung nicht gerade hilfreich.

Dabei spricht nichts dagegen, unsere Sache gut zu machen. Natürlich sollten wir immer versuchen, uns unseren Aufgaben voll und ganz zuzuwenden. Doch Perfektionisten geht es nicht um Achtsamkeit oder gar Mitgefühl, sondern um »perfekte Ergebnisse«. Da sie diese nie erzielen können, fühlen sie sich die meiste Zeit ihres Lebens als Versager. Und die Botschaft »entweder perfekt oder wertlos« führt auch bei Kindern zu Unsicherheit und Frustration.

Studien zeigen, dass Perfektionisten besonders oft unter Depressionen, Ängsten oder Burn-out leiden. Kein Wunder: Perfektion ist etwas, das es im menschlichen Leben nicht gibt. Für unsere Lebendigkeit und unsere Entwicklung sind all die Aufs und Abs, Erfolge und Misserfolge unabdingbar. Dennoch: Der Mut, nicht perfekt sein zu müssen und auch ein Scheitern gelassen hinzunehmen, erfordert viel Kraft, vor allem aber viel Selbstmitgefühl.

»Ich neige in meinem Leben und in der Erziehung zu Perfektionismus.«

1 = ☐ (trifft überhaupt nicht auf mich zu)
2 = ☐
3 = ☐
4 = ☐
5 = ☐
6 = ☐ (trifft vollkommen auf mich zu)

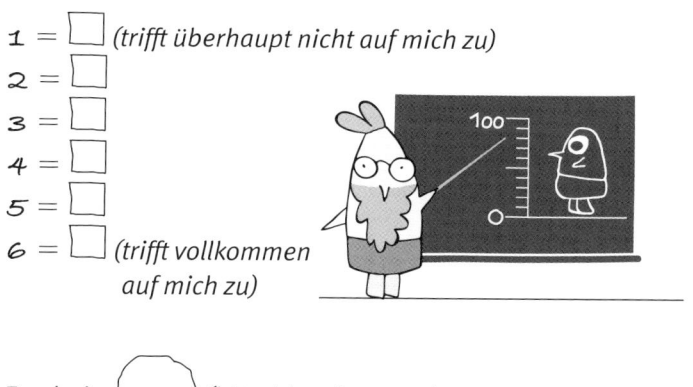

Ergebnis: ◯ (bitte hier eintragen)

# Glücksfalle Nr. 4:
Kritik

Mitgefühl hilft uns, vom Richter zum Zeugen zu werden: Statt unsere Kinder ständig zu bewerten, werden wir zum mitfühlenden Beobachter. So verhindern wir negative Prägungen (»Du kannst das nicht.«, »Du bist ein Versager.« ...), die unseren Kindern belastende Glaubenssätze einimpfen und ihr Selbstwertgefühl untergraben.

(Selbst-)Kritik ist selten konstruktiv. Meist verbirgt sich dahinter der Wunsch zu manipulieren. Durch Kritik erzeugen wir Angst und Schuldgefühle. Studien zeigen, dass Kinder kritischer Eltern wenig Selbstmitgefühl entwickeln und zu Verhaltensauffälligkeiten neigen. Werden Kinder ständig kritisiert, bekommen sie das Gefühl, nicht gut genug zu sein und es nicht wert zu sein, so geliebt zu werden, wie sie sind.

Mitgefühl motiviert viel stärker als Kritik, denn statt Angst und Druck sind Liebe und Vertrauen dabei die treibenden Kräfte. Und das gilt auch für uns selbst: Unsere negativen Bewertungen hindern uns daran, die Verbundenheit mit uns und anderen zu spüren und glücklich zu sein. Selbstmitgefühl lehrt uns hingegen, dass wir an uns und anderen gar nicht so viel verändern müssen. Und je mehr Raum wir anderen und uns zugestehen, desto besser können wir atmen und uns entfalten.

»Ich kritisiere meine Kinder häufig und / oder nörgele an ihnen herum.«

1 = ☐ (trifft überhaupt nicht auf mich zu)
2 = ☐
3 = ☐
4 = ☐
5 = ☐
6 = ☐ (trifft vollkommen auf mich zu)

Ergebnis: ( ) (bitte hier eintragen)

⊕ Glücksfalle Nr. 5:
Stress

Stress ist Gift für die Seele – für unsere eigene ebenso wie für die unserer Kinder. Wenn wir uns überfordert fühlen, werden wir wütend, schreien oder wir leiden still, greifen zu Alkohol, Schokolade oder zur TV-Fernbedienung. Die meisten Strategien, mit denen wir versuchen, uns von Leiden zu befreien, verschlimmern diese nur. Stress gehört heute zu den gefährlichsten Gesundheitskillern. Er schadet unserem körperlichen und seelischen Wohlbefinden. Wer gestresst ist, kann nicht zugleich mitfühlend sein. Wer gestresst ist, kann auch nicht achtsam sein, und natürlich hilft Stress uns auch nicht gerade dabei, Kinder harmonisch zu erziehen.

Doch es gibt auch eine gute Nachricht. Stress ist selten eine Folge der äußeren Ereignisse, sondern meist Folge unserer mentalen und emotionalen Reaktionen. Anders gesagt: Stress entsteht in unserem Kopf.

Ob unser Sohn in Englisch eine 5 bekommt, eine wertvolle Vase zerbrochen hat oder ob unsere Tochter erst Stunden nach der verabredeten Zeit nach Hause kommt – entscheidend ist nicht das, was passiert, sondern, wie wir darauf reagieren. Zum Glück gibt es viele Möglichkeiten, Stress zu reduzieren – und zu den besten gehört die Entwicklung von Achtsamkeit und Mitgefühl.

»Ich fühle mich im Alltag häufig gestresst und überfordert.«

1 = ☐ (trifft überhaupt nicht auf mich zu)

2 = ☐

3 = ☐

4 = ☐

5 = ☐

6 = ☐ (trifft vollkommen auf mich zu)

Ergebnis: ◯ (bitte hier eintragen)

Glücksmagnet Nr. 1:
Positive, mitfühlende Kommunikation

Alles, was wir sagen, kommt beim anderen, und vor allem auch bei unseren Kindern, an. Wenn wir schimpfen, abwerten oder »negativ programmieren«, so tun wir dies sicher ohne böse Absicht, etwa weil wir unter Druck stehen, Probleme haben oder einfach das weitergeben, was unsere Eltern und Lehrer zu uns gesagt haben.

Damit wir unsere Kinder nicht durch Worte verletzen, ist es wichtig, dass wir auch mit uns selbst freundlich und mitfühlend sprechen. Und da unser Leben oft von negativen Ansichten geprägt ist, sollten wir regelmäßig positive Formulierungen einüben. In der Erziehung können Sie dabei Sätze nutzen wie: »Viel Glück heute beim Sportfest.«, »Genieße das Wochenende bei Deiner Freundin.«, »Du schaffst das.« oder »Pass beim Ausflug gut auf dich auf.«. Glückliche Menschen formulieren positiv und zielorientiert (»Ich springe jetzt in den See!«), statt problemorientiert (»Hoffentlich ist das Wasser nicht so kalt.«)

Wichtig ist aber nicht nur was Sie sagen, sondern auch wie Sie etwas sagen. Schon Säuglinge »hören« die Emotionen hinter der Stimme. Wenn Sie entspannt und liebevoll sprechen, unterstützen Sie Ihr Kind, und gleichzeitig tun Sie auch sich selbst etwas Gutes, da liebevolle Worte das Selbstmitgefühl fördern.

»Es fällt mir leicht, positiv und mitfühlend zu kommunizieren.«

1 = ☐ (trifft überhaupt nicht auf mich zu)

2 = ☐

3 = ☐

4 = ☐

5 = ☐

6 = ☐ (trifft vollkommen auf mich zu)

Ergebnis: ◯ (bitte hier eintragen)

⌒ Glücksmagnet Nr. 2: Gelassenheit

Gäbe es nur ein einziges Rezept, Kinder zu glücklichen Menschen zu erziehen, so wäre das Gelassenheit. »Gelassen« kommt von »loslassen«. Viel Aufregung und Stress entstehen immer wieder, weil wir die Dinge nicht einfach so sein lassen können, wie sie nun einmal sind – weder uns noch unsere Kinder. Daher sollten wir uns einen einfachen Satz einprägen und diesen täglich so oft wie möglich wiederholen:

*»Mein Sohn / meine Tochter ist vollkommen
in Ordnung, so wie er / sie ist.«*

Wer gelassen ist, gibt sich und den anderen viel Raum. Der Drang, »alles im Griff« und »unter Kontrolle« zu haben, wird dann immer unwichtiger. Je entspannter wir sind, je weniger Widerstand wir dem Leben entgegensetzen, desto glücklicher werden wir sein. Gelassenheit entsteht, wenn Sie mit Ihren Kindern Dinge tun, die auch Ihnen Freude machen.

Nehmen Sie sich regelmäßig etwas Zeit für gemeinsame Erlebnisse. Aber nehmen Sie sich auch Zeit für sich selbst. Treffen Sie Freunde, machen Sie Yoga, lesen Sie – tun Sie, was immer Ihnen gut tut. Und vergessen Sie nicht, die Zeit des Elternseins zu genießen, denn sie geht schneller vorbei, als Sie denken. Mitgefühl und Achtsamkeit helfen Ihnen dabei loszulassen, was unglücklich macht.

»Es fällt mir leicht loszulassen und gelassen zu reagieren.«

1 = ☐ *(trifft überhaupt nicht auf mich zu)*
2 = ☐
3 = ☐
4 = ☐
5 = ☐
6 = ☐ *(trifft vollkommen auf mich zu)*

Ergebnis: ☐ *(bitte hier eintragen)*

Glücksmagnet Nr. 3:
Offenheit und Authentizität

Der Versuch, eine »gute Mutter« oder ein »guter Vater« zu sein, drängt uns allzu oft in die Rolle des bloßen »Erziehungsberechtigten«. Die Folge ist eine Art »Eltern-Kind-Gefälle« – auf der einen Seite stehen die allwissenden Eltern, auf der anderen die unwissenden, »dummen« Kinder, die noch viel lernen müssen. (Die Frage ist nur, wer eigentlich mehr lernen muss – die Kinder oder ihre Eltern?)

Offen und authentisch zu sein bedeutet, dass wir uns endgültig vom autoritären Erziehungsstil vergangener Jahrhunderte verabschieden. Wahre Autorität hat nichts mit eiserner Disziplin und Strenge, sondern mit Reife, Selbstbewusstsein und Authentizität zu tun. Wenn wir die verwandelnde Kraft des Mitgefühls erfahren wollen, müssen wir lernen, unsere Kinder als Freunde anzusehen. Wir sind mit ihnen verbunden, sind ihnen nah und für sie da. Doch da wir ebenso wie sie »echte Menschen« sind, sind auch wir mal schlecht gelaunt, frustriert oder hilflos – und das dürfen wir sein und auch sagen: »Ich bin gerade sehr wütend – deshalb schreie ich so.« Und genauso dürfen wir uns auch entschuldigen, wenn wir unfair waren oder sollten unseren Kindern erzählen, was wir als Kinder erlebt haben und was für uns besonders wichtig oder besonders schrecklich war.

»Ich bin meist offen, aufrichtig und spontan, und es fällt mir leicht, mich für meine Kinder zu öffnen.«

1 = ☐ (trifft überhaupt nicht auf mich zu)
2 = ☐
3 = ☐
4 = ☐
5 = ☐
6 = ☐ (trifft vollkommen auf mich zu)

Ergebnis: ◯ (bitte hier eintragen)

Glücksmagnet Nr. 4: Klare Grenzen setzen

Mitgefühl setzt voraus, dass sich unsere Kinder angenommen fühlen. Zugleich brauchen sie jedoch auch Grenzen, da sie sonst die Orientierung verlieren. Mitfühlend und zugleich konsequent aufzutreten ist leider nicht leicht. Bei Konflikten neigen fast alle Menschen dazu, entweder wegzulaufen oder auszuflippen. Unsichere, schwache Eltern halten sich lieber raus und drücken beide Augen zu, um Streitigkeiten zu vermeiden. Aggressive Eltern werden hingegen schnell wütend und laut und versuchen, ihre Kinder zu unterdrücken. Nur Eltern, die innerlich stabil, entspannt und (selbst-)mitfühlend sind, erkennen, dass sie weder wichtiger noch unwichtiger als ihre Kinder, sondern gleichberechtigt sind. Sie haben keine Angst vor Konflikten, die ohnehin unausweichlich sind.

Mitfühlend zu sein heißt nicht, alles zu tolerieren. Kinder, die »alles dürfen« werden zu unglücklichen Erwachsenen. Daher müssen wir Grenzen setzen, und tatsächlich sehnen sich Kinder danach. Üben Sie täglich, rechtzeitig »Stopp« zu sagen. Haben Sie keine Angst vor einem »Nein«. Formulieren Sie Ihre Botschaften freundlich, aber unmissverständlich (»Ich will, dass du jetzt dein Zimmer aufräumst.«) – und bleiben Sie selbstmitfühlend, wenn das nicht immer sofort klappt.

»Ich trete bestimmt auf und kann meinen Kindern klare Grenzen setzen.«

1 = ☐ *(trifft überhaupt nicht auf mich zu)*
2 = ☐
3 = ☐
4 = ☐
5 = ☐
6 = ☐ *(trifft vollkommen auf mich zu)*

Ergebnis: ⬭ *(bitte hier eintragen)*

Glücksmagnet Nr. 5: Zuhören

Kinder sprechen über ihre Probleme – je nach Alter und Charakter mehr oder weniger, klarer oder verdeckter. Natürlich sollten wir unsere Kinder wenn nötig verteidigen, wo sie schutzlos sind, doch ansonsten gehören Probleme zum Leben. Es ist ganz normal, traurig oder wütend zu sein, jemanden nicht ausstehen zu können oder enttäuscht zu sein. Weder können noch sollten Sie alle Probleme Ihrer Kinder lösen.

Lernen Sie stattdessen, Ihren Kindern achtsam zuzuhören und zeigen Sie ihnen so, dass Sie für sie da sind. Achtsam zuzuhören heißt nicht, dass Sie Ihr Kind bevormunden (»Ach du Arme, ich erledige das schon für dich.«). Auch nicht, dass Sie es belehren (»Das kommt davon, dass du immer ...«) oder ablenken (»Halb so wild: Hier hast du ein Stück Schokolade und dann schauen wir einen schönen Film an.«).

Zuhören heißt einfach nur zuhören – verharmlosen Sie nichts, predigen Sie nicht und geben Sie keine guten Ratschläge. Lassen Sie Ihre Kinder ausreden und hören Sie wirklich mit ganzem Herzen zu. Akzeptieren Sie die belastenden Gefühle bei Ihrem Kind (und vielleicht auch bei Ihnen), doch versuchen Sie, diese auszuhalten – Sie sollten kein Pflaster darüber kleben, auch wenn das oft verlockend wäre.

»Es fällt mir leicht, meinem Kind wirklich zuzuhören, und ich nehme mir regelmäßig Zeit, mich in seine Probleme hineinzuversetzen.«

1 = ☐ *(trifft überhaupt nicht auf mich zu)*
2 = ☐
3 = ☐
4 = ☐
5 = ☐
6 = ☐ *(trifft vollkommen auf mich zu)*

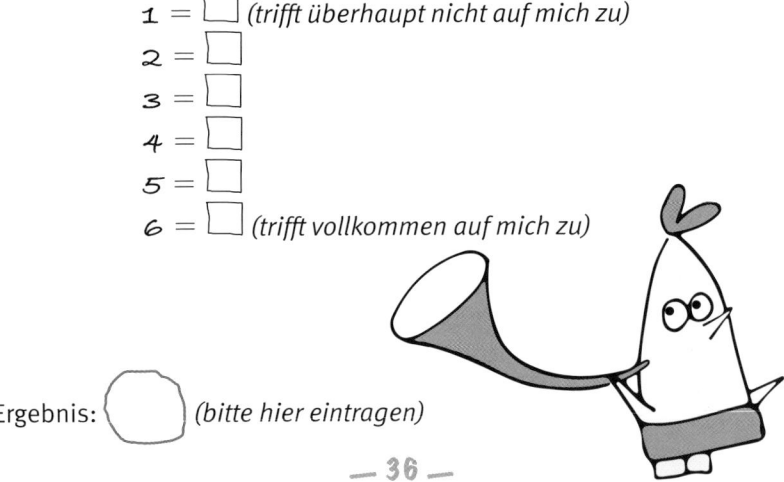

Ergebnis: ◯ *(bitte hier eintragen)*

Testauswertung

Haben Sie den Abschnitt über die **»Glücksfallen«** und **»Glücksmagneten«** zu Ende gelesen und jeweils einen Wert auf der Skala von 1 bis 6 für sich eingetragen? Dann zählen Sie jetzt die Zahlen der Fragen zu den »Glücksfallen« zusammen und markieren Sie Ihr Ergebnis auf dem Glas in der Grafik (auf der linken Seite). Zählen Sie dann auch die Zahlen für die »Glücksmagneten« zusammen und markieren Sie das Ergebnis auf der rechten Seite des Glases in der Grafik.

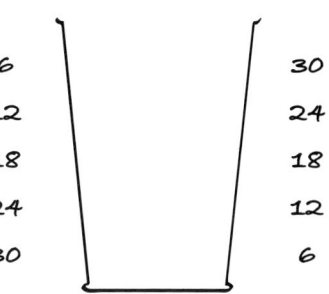

Jetzt verbinden Sie die beiden Punkte. Wenn Sie möchten, können Sie nun noch das Glas unterhalb der Linie, die Sie gerade eingezeichnet haben, ausmalen.

✳✳✳✳✳

Das Bild zeigt Ihnen, wie gut Sie darin sind, einen großen Bogen um typische Glücksfallen in der Erziehung zu machen und wie gut Sie darin sind, Glücksmagneten im Familienalltag einzusetzen. Wie sieht Ihre Momentaufnahme aus? Gibt es ein Ungleichgewicht? Oder ist beides wenig ausgeprägt und das Glas insgesamt fast leer? Durch die Grafik sehen Sie unmittelbar, wo Sie ansetzen können.

Im nächsten Kapitel werde ich Ihnen ein Übungsprogramm zeigen, durch dass Sie Ihre Werte in nur fünf Wochen deutlich verbessern können. Denn auch wenn alles, was Sie bisher zum Thema »Mitgefühl in der Erziehung« gelesen haben, Ihnen logisch und einleuchtend vorkommen mag – nur Übung macht den Meister.

Und das gilt eben nicht nur für äußere Fähigkeiten, sondern auch dann, wenn es darum geht, Qualitäten wie Achtsamkeit, Gelassenheit oder Mitgefühl in sich selbst zu stärken.

III. Der Weg des Herzens – die Praxis

Mehr Mitgefühl für uns und unsere Kinder – durch dieses einfache Rezept können wir Beziehungen heilen, Alltagsstress reduzieren und den Grundstein für ein glückliches Miteinander legen. Doch wie können wir mehr Achtsamkeit, Mitgefühl, Herzenswärme und Offenheit in unser Leben bringen? Ist Mitgefühl nicht eine Frage der Veranlagung? Sicher – aber nur zu einem kleinen Teil. Entscheidender als das, was wir haben, ist nämlich das, was wir daraus machen ...

Die Macht der Übung

Ebenso wie die körperliche Fitness lassen sich auch geistige Fähigkeiten wie Konzentration, Achtsamkeit oder Mitgefühl trainieren. Neurowissenschaftliche Untersuchungen zeigen, dass bestimmte Gehirnareale sehr empfänglich für das Geben und Empfangen von Mitgefühl sind. Und diese Areale können wir durch meditative Übungen aktivieren. Im Mittelpunkt steht dabei die aus dem Buddhismus stammende Herzmeditation: Dabei versetzen wir uns zunächst in einen entspannten Zustand und formulieren dann kurze, einfache Sätze, wie etwa:

»Möge ich glücklich sein.«

oder:

»Mögest du unbeschwert und frei von Leiden sein.«

Hierbei geht es nicht um Gebete, sondern darum, unser Bewusstsein von Negativem zu reinigen und gute Absichten in unserem Geist zu säen. Auf diese Weise üben wir eine Haltung bedingungslosen Wohlwollens mit uns und anderen ein. Mit der Zeit wird es uns dann immer leichter fallen, liebevolle Beziehungen aufzubauen und uns achtsam für uns und unsere Kinder zu öffnen. Lassen Sie während des fünfwöchigen Übungsprogramms die Vorstellung los, dass Sie etwas Besonderes leisten oder ein *»besserer Mensch«* werden müssen. Die Wirkungen kommen von selbst – und zwar schneller von selbst als durch Willenskraft oder Anstrengung.

31

Mein Fünf-Wochen-Programm

In fünf Wochen das Herz wecken

Das folgende 5-Wochen-Programm ermöglicht es Ihnen, belastende Muster zu durchbrechen und Ihrem Leben eine Wende zu geben. Auch wenn das Programm natürlich nur der erste Schritt ist, werden Sie sich wahrscheinlich wundern, wie schnell es dabei zu Veränderungen kommen kann.

In jeder Woche werden Sie eine Hauptübung sowie ein oder zwei kleinere Übungen für zwischendurch kennenlernen. Halten Sie sich an die Reihenfolge des 5-Wochen-Programms, da es aufeinander aufbaut:

- In der **ersten Woche** lernen Sie, Ihre Muster zu durchschauen und anzunehmen.
- In der **zweiten Woche** lernen Sie, sich selbst mitfühlender zu behandeln.
- In der **dritten Woche** lernen Sie, Ihren Kinder mehr Mitgefühl zu schenken.
- In der **vierten Woche** lernen Sie, Erziehungsstress im Alltag zu bewältigen.
- In der **fünften Woche** lernen Sie, »*Ja*« zum Leben zu sagen.

1. Woche: Ich bin, wie ich bin

Wir Menschen sind Gewohnheitstiere. Das gilt besonders, wenn es um unser Verhalten geht. Wie wir auf Herausforderungen reagieren, was wir sagen und tun – all das hängt stark von eingefleischten Verhaltensmustern ab. In der ersten Woche geht es darum, unsere Achtsamkeit einmal ganz auf diese Muster und unangenehmen Gefühle zu lenken, die unser Handeln bestimmen. Dabei finden wir heraus, wie wir ticken und lernen, uns selbst zu durchschauen.

Doch schon bei dieser Bestandsaufnahme sollten Sie mit viel Mitgefühl herangehen. Muster sind vollkommen okay – jeder von uns wurde von Eltern, Lehrern, Freunden, seinen Erfahrungen usw. geprägt. Irgendwann haben wir uns dabei bestimmte Reaktionsweisen angewöhnt. So geht es nun nicht darum, dass wir uns verurteilen, sondern darum, einfach nur achtsam wahrzunehmen, was ist.

Wie ticke ich? Typische Muster erkennen

Werfen Sie einen Blick auf die folgenden emotionalen Muster und überlegen Sie, inwiefern Sie sich darin wiedererkennen. Malen Sie umso mehr Kästchen aus, je stärker das jeweilige Muster auf Sie zutrifft.

Minderwertigkeit:

Ich fühle mich unwürdig und unzulänglich. Ich bin schlechter als die anderen. Ich kann meinen Kindern nicht viel geben.

Passt gar nicht ☐☐☐☐☐☐☐☐☐☐ *trifft vollkommen zu*

Unsicherheit:

Ich habe Angst zu versagen oder im Stich gelassen zu werden und sorge mich, dass meine Kinder mich ablehnen.

Passt gar nicht ☐☐☐☐☐☐☐☐☐☐ *trifft vollkommen zu*

Pessimismus:

Ich neige dazu, die Dinge zu schwarz zu sehen und vermute in allem das Negative. Ich habe wenig Vertrauen, dass alles gut wird.

Passt gar nicht ☐☐☐☐☐☐☐☐☐☐ *trifft vollkommen zu*

Ungeduld:

Ich verliere leicht die Nerven, kann meine Gefühle schlecht kontrollieren und flippe regelmäßig aus.

Passt gar nicht ☐☐☐☐☐☐☐☐☐☐ *trifft vollkommen zu*

Festhalten:

Ich klammere mich an meinen Kindern fest. Es fällt mir schwer loszulassen und mich auf mich selbst zu konzentrieren. Ich fühle mich abhängig.

Passt gar nicht ☐☐☐☐☐☐☐☐☐☐ *trifft vollkommen zu*

Selbstbezogenheit:
Ich denke vor allem an mich selbst und stehe gern im Mittelpunkt.
Meine Kinder sind mir oft fremd.

Passt gar nicht ☐☐☐☐☐☐☐☐☐☐ *trifft vollkommen zu*

Selbstaufopferung:
Ich versuche immer, für alle anderen da zu sein.

Passt gar nicht ☐☐☐☐☐☐☐☐☐☐ *trifft vollkommen zu*

Schuldgefühle:
Ich übernehme die Verantwortung für Dinge, die schlecht laufen.
Ich glaube, dass ich (mit) schuld bin, wenn meine Kinder Probleme haben.

Passt gar nicht ☐☐☐☐☐☐☐☐☐☐ *trifft vollkommen zu*

Anerkennung:
Ich orientiere mich sehr danach, was andere sagen. Mein Ruf ist
mir wichtig. Meine Kinder sollen sich in der Öffentlichkeit unbe-
dingt anständig benehmen.

Passt gar nicht ☐☐☐☐☐☐☐☐☐☐ *trifft vollkommen zu*

Grübeln:
Ich mache mir viele Sorgen. Oft drehen sich meine Gedanken
dabei im Kreis. Ich denke zu viel und spüre zu wenig.

Passt gar nicht ☐☐☐☐☐☐☐☐☐☐ *trifft vollkommen zu*

Fallen Ihnen noch mehr für Sie typische Muster ein? Notieren
Sie diese hier in Stichpunkten:

Übung: Muster erkennen und annehmen

Diese Übung sollten Sie eine Woche lang täglich machen – schon zehn Minuten genügen. Sie hilft Ihnen, alte Reaktionsmuster und negative Gefühle, die dabei auftreten, zu erkennen.

- Setzen Sie sich aufrecht, aber bequem hin, schließen Sie die Augen.

- Lassen Sie den Atem zur Ruhe kommen. Beobachten Sie, wie er kommt und geht. Kommen Sie ganz im Hier und Jetzt an.

- Stellen Sie sich nun eine schwierige Situation mit Ihrem Kind vor – einen Streit, einen Machtkampf, ein Missverständnis aus der näheren oder ferneren Vergangenheit.

- Machen Sie sich ein klares Bild – wie sah es damals aus? Was haben Sie gesagt und was Ihr Kind? Was war Ihr Standpunkt? Je genauer Sie sich die Szene vor Augen holen können, desto besser.

- Welches Gefühl taucht nun in Ihnen auf? Können Sie es benennen? Vielleicht Wut, Frust, Scham oder Enttäuschung? Erkennen Sie ein Muster in Ihrer Reaktion?

- Beobachten Sie jetzt, was sich im Körper verändert. Lenken Sie Ihre Achtsamkeit dabei vor allem auf Ihren Atem, auf Bauch, Brust, Schultern, Kehle und die Muskeln im Gesicht. Wie fühlt sich Ihr Körper an?

- Atmen Sie jetzt dreimal tief durch. Lockern Sie Ihren Körper. Geben Sie sämtlichen Widerstand auf, indem Sie innerlich mehrmals »Ja« sagen. Sagen Sie »Ja« zu den belastenden Gefühlen. Denken Sie: »Es ist in Ordnung, wütend, traurig oder abweisend zu sein.« Wiederholen Sie den für Sie passenden Satz mehrmals.

- Lassen Sie die Erinnerung an die schmerzhafte Erfahrung jetzt los. Lenken Sie Ihre Achtsamkeit stattdessen auf das Hier und Jetzt. Spüren Sie Ihren Atem? Ihre Körperhaltung? Hören Sie die Geräusche im Raum? Fühlt sich Ihr Körper locker oder verspannt, warm oder kalt an? Lassen Sie alles zu, was gerade ist: Schauen Sie einfach nur hin und akzeptieren Sie Ihre momentane Erfahrung, wie immer sie aussieht.

- Schließen Sie die Übung ab, indem Sie nochmals tief durchatmen.

✳✳✳✳✳

Alltagsübung: Richter / Richterin

Achten Sie einmal darauf, wie oft am Tag Sie die
Rolle des Richters (oder der Richterin) übernehmen.
Schreiben Sie zunächst Ihren Vornamen in die
Überschrift.

**Fertigen Sie nun eine Strichliste
für jeweils einen Tag an.**

1. Wie oft verurteilen Sie sich selbst im Laufe des heutigen Tages?
Wie oft sagt eine innere Stimme »Das war dumm ... habe ich schlecht
gemacht ... darf mir nicht passieren ...« usw. ?

1. Tag:

2. Tag:

3. Tag:

4. Tag:

5. Tag:

6. Tag:

7. Tag:

2. Wie oft kritisieren, beurteilen oder verurteilen Sie Ihr Kind /
Ihre Kinder im Laufe eines Tages?

1. Tag:

2. Tag:

3. Tag:

4. Tag:

5. Tag:

6. Tag:

7. Tag:

2. Woche: Sich selbst liebevoll annehmen

Es gibt nur eine Möglichkeit, liebevoller zu werden: Sie müssen bei sich selbst anfangen. **»Self-Compassion«** (»Selbstmitgefühl«) ist der Schlüssel, der Ihnen eine Welt harmonischer Beziehungen und warmer Herzensverbindungen zu anderen Menschen öffnet. Nur wenn Sie aufhören, sich selbst ständig zu verurteilen und schlecht zu machen, werden Sie auch anderen gegenüber toleranter und mitfühlender sein können – zum Beispiel Ihren Kindern.

Sicher – jeder von uns hat seine Fehler, das ist ganz normal. Gerade deswegen sollten wir lernen, *»Ja«* zu uns zu sagen. Ebenso wie wir einem guten Freund nie einen Strick aus seinen Schwächen drehen würden, sollten wir auch uns selbst gegenüber viel gnädiger und freundlicher sein. Vergessen wir nicht, dass das menschliche Leben auch so schon leidvoll genug ist. Schon Buddha hat darauf hingewiesen, dass Leben immer auch Leiden bedeutet. Vielleicht ist *»Leiden«* ein zu großes Wort, daher wird der Pali-Begriff *»Dukkha«* heute auch oft mit *»Belastung«* oder *»Stress«* übersetzt. Ein Leben ohne Belastungen ist nicht möglich. Irgendwas läuft immer schief. Der erste Schritt, nachsichtiger mit uns umzugehen, besteht darin zu erkennen, dass wir es eben oft nicht leicht haben: Arrogante Kollegen, Kopfschmerzen, finanzielle Sorgen, Schwierigkeiten mit unseren Kindern, tatsächliche Verluste oder Angst vor Verlusten, die Wut über den Autofahrer, der uns die Vorfahrt nimmt … es gibt unzählige Faktoren, die uns Tag für Tag belasten und stressen können.

Schreiben Sie doch einmal auf, was Ihnen momentan am meisten Probleme macht:

Im Folgenden werden Sie eine einfache Möglichkeit kennenlernen, sich mitfühlender anzunehmen und eine liebevolle Haltung sich selbst gegenüber einzunehmen. Wohlgemerkt werden Sie dabei nicht etwa egoistischer oder gar selbstsüchtiger, sondern vielmehr offener und toleranter werden. Nur wenn Sie bei sich selbst beginnen, können Sie Mitgefühl in die Welt tragen.

Für die folgende Grundübung, die *Herzmeditation*, sollten Sie sich in dieser Woche jeden Tag mindestens zehn Minuten Zeit nehmen. (Wahrscheinlich werden Sie schnell merken, dass Ihnen 15 oder auch 20 Minuten sogar noch besser tun – dann verlängern Sie die »Sitzung« einfach.)

Denken Sie immer wieder daran, dass es bei der *Herzmeditation* nicht darum geht, es »gut« oder »richtig« zu machen – allein die Absicht und die Zeit, die Sie sich nehmen, genügen vollkommen. Falls Sie sich anfangs seltsam vorkommen, macht das nichts. Versuchen Sie auch nicht, Gefühle heraufzubeschwören, die Sie nicht haben. In der Meditation muss nichts *»Besonderes«* passieren. Folgen Sie einfach den Anweisungen – ruhig, sanft und mit einem Lächeln auf den Lippen.

Herzmeditation: Möge ich glücklich sein

Setzen Sie sich aufrecht, aber bequem hin.
Schließen Sie die Augen.

*****

Entspannen Sie Ihren Körper so gut es gerade geht und lenken Sie die Achtsamkeit auf den Atem: Beim Einatmen hebt sich die Bauchdecke, beim Ausatmen sinkt sie sanft nach innen. Verändern Sie nichts – es ist egal, ob der Atem schnell oder langsam, tief oder flach ist.

*****

Entspannen Sie Ihren Geist. Lassen Sie die Gedanke wie Wolken kommen und gehen. Was immer Sie denken – es ist vollkommen in Ordnung. Schauen Sie nur zu.

Lassen Sie nun ein angenehmes Bild vor Ihrem inneren Auge entstehen – das kann eine Landschaft, eine beruhigende Farbe oder eine Szene, die Geborgenheit vermittelt, sein. Kommen Sie immer mehr zur Ruhe.

*****

Wiederholen Sie nun innerlich folgende kurze Sätze:
Einatmen: »Möge ich« – ausatmen: »glücklich sein.«
Einatmen: »Möge ich« – ausatmen: »sicher und geborgen sein.«
Einatmen: »Möge ich« – ausatmen: »entspannt und friedvoll sein.«

Denken Sie die Sätze einige Male sanft in Ihrem normalen Atemrhythmus. Behalten Sie die Reihenfolge dabei möglichst ein. Nachdem Sie alle Sätze wiederholt haben, beginnen Sie wieder mit dem ersten. Versuchen Sie nicht, angenehme Gefühle zu erzeugen – wenn sie selbst kommen, ist das gut, wenn nicht, ist das auch okay.

*****

Halten Sie die Konzentration auf der Wiederholung dieser kurzen Formeln. Dabei werden Sie schnell bemerken, dass Ihre Gedanken auf Wanderschaft gehen. Das ist nicht schlimm, sondern im Gegenteil ein wichtiger Teil der Übung. Wann immer Sie abgelenkt werden – etwa weil Sie über Ihre Zukunft oder Vergangenheit nachzudenken beginnen, Bilder auftauchen oder Sie innere Dialoge führen – dann bemerken Sie das einfach. Kein Problem. Sobald Sie registriert haben, dass Sie gerade »ganz woanders waren«, kehren Sie wieder sanft zur Wiederholung der drei Sätze zurück.

*****

Bleiben Sie geduldig. Wenn Ihr Geist hundertmal abschweift, dann lenken Sie ihn eben einfach hundertmal wieder auf die Sätze zurück – unaufgeregt aber beharrlich.

*****

Um die Übung zu beenden, lenken Sie Ihre Achtsamkeit wieder auf Ihren Körper. Spüren Sie die Schwere des Körpers. Atmen Sie dann dreimal tief durch und öffnen Sie die Augen wieder.

Alltagsübung: Kompliment an mich selbst

Fällt es Ihnen schwer, Komplimente zu machen? Wenn Sie finden, dass eine Freundin, Ihr Kind, Ihr Kollege oder Partner etwas gut gemacht hat – sagen Sie es ihm / ihr dann auch?

Es gibt einen einfachen Trick, mit dem Sie Ihre Beziehungen schlagartig verbessern können: Bringen Sie Ihre Wertschätzung zum Ausdruck, sagen Sie etwas Positives, machen Sie öfter mal ein Kompliment.

Am besten beginnen Sie gleich einmal bei sich selbst. Vielen Menschen fällt es sehr schwer, etwas Nettes zu sich selbst zu sagen. Dabei gibt es an jedem Menschen unzählige schöne Eigenschaften – wir müssen nur lernen, genau hinzusehen und freundliche Dinge zu uns selbst zu sagen. Zum Beispiel: *»Ich mag, dass ich zuverlässig bin ... dass ich gut zuhören kann ... dass ich offen dafür bin, mich weiterzuentwickeln ... meine Hände ... meine Augen ... dass ich tolle Spaghetti bolognese kochen kann ...«*

Sicher fallen Ihnen noch ganz viele Eigenschaften ein, die Sie hier notieren und sich wieder ins Gedächtnis rufen sollten, wenn es Ihnen gerade mal nicht so gut geht:

Humor

Kochkunst

Zuverlässigkeit

Leidenschaft

3. Woche: Seine Kinder liebevoll annehmen

Sie werden es schon gemerkt haben: Unsere Kinder sind eigene Wesen mit ihrem eigenen Kopf und ihrem eigenen Charakter. Und da Eltern sich nun mal nach Kontrolle sehnen, sind Probleme vorprogrammiert. Schwierigkeiten wecken oft negative Gefühle wie Ärger, Wut, Enttäuschung, aber auch Sorgen und Ängste oder das »untrügliche Gefühl, es besser zu wissen«.

Eine mitfühlende Lebensweise erfordert, dass wir all diese Gefühle in uns erkennen und akzeptieren. Darüber hinaus müssen wir aber auch üben, was eigentlich selbstverständlich scheint: unsere Kinder zu lieben. Glücklicherweise kann man Mitgefühl tatsächlich »lernen«, und eine der wirkungsvollsten Übungen ist die Herzmeditation. Letzte Woche haben Sie sich selbst Mitgefühl geschenkt; jetzt geht es darum, Ihre Kinder ins Herz zu schließen. Für diese Methode sollten Sie sich diese Woche täglich mindestens zehn Minuten Zeit nehmen.

Herzmeditation: Möge meine Tochter / mein Sohn glücklich sein

Setzen Sie sich aufrecht und bequem hin und schließen Sie die Augen.

*****

Entspannen Sie Ihren Körper und richten Sie die Achtsamkeit dann auf Ihre Atembewegung im Bauchraum. Beobachten Sie den Atem, ohne ihn zu verändern.

*****

Beginnen Sie zunächst, sich selbst Mitgefühl zu schenken. Wiederholen Sie mehrmals innerlich folgende Sätze in Ihrem Atemrhythmus:
Einatmen: »Möge ich« – ausatmen: »glücklich sein.«
Einatmen: »Möge ich« – ausatmen: »sicher und geborgen sein.«
Einatmen: »Möge ich« – ausatmen: »entspannt und friedvoll sein.«
Dehnen Sie die Sätze des Wohlwollens dann auf Ihr Kind aus. (Wenn Sie mehrere Kinder haben, sollten Sie sich in einer Meditation immer nur auf eines konzentrieren und bei der nächsten Meditation wechseln.)

Visualisieren Sie Ihre Tochter / Ihren Sohn
vor Ihrem inneren Auge: Rufen Sie sich eine
Alltagsszene in Erinnerung – etwa wie Ihr
Kind am Tisch sitzt oder im Garten spielt.
Machen Sie sich bewusst, dass das höchste
Ziel Ihres Kindes wie bei allen anderen
Menschen darin besteht, glücklich
und geborgen zu sein.

*****

Während Sie an Ihr Kind denken,
wiederholen Sie innerlich einige Male:
Einatmend: »Mögest Du« – ausatmend: »glücklich sein.«
Einatmend: »Mögest Du« – ausatmend: »sicher und geborgen sein.«
Einatmend: »Mögest Du« – ausatmend: »entspannt und friedvoll sein.«

*****

Zwingen Sie sich nicht zu Gefühlen, die Sie nicht haben.
Es genügt, die Konzentration auf diesen Sätzen zu halten
und diese in Gedanken ruhig zu wiederholen. Falls starke
Widerstände oder negative Emotionen auftauchen, so lenken Sie Ihre Achtsamkeit zum Atem und beginnen erst nach
einigen Atemzügen wieder, Ihrem Kind im Geist freundliche
Wünsche zu schicken.

*****

Beenden Sie die Übung,
indem Sie einige Male tief durchatmen.

*****

Hören Sie nun in sich rein. Gab es besondere Empfindungen
oder Eindrücke, die Sie während der Meditation hatten?
Notieren Sie diese in wenigen Worten:

Alltagsübung: Wie mit meinem besten Freund

Versuchen Sie, Ihren Sohn oder Ihre Tochter diese Woche einmal so zu behandeln, als wäre er (sie) Ihr bester Freund. Was tun Sie, wenn Ihr bester Freund eine schwierige Phase durchlebt? Schreien Sie ihn an und verurteilen Sie ihn? Wohl kaum! Stattdessen trösten Sie ihn wahrscheinlich, nehmen ihn in den Arm und versuchen, ihm ein Gefühl der Geborgenheit zu vermitteln.

Wenn Ihr Kind Probleme hat, sollten Sie genauso handeln:

- Nehmen Sie Augenkontakt zu ihm auf.
- Lächeln Sie Ihr Kind an.
- Berühren Sie es, wenn das in Ordnung für Ihr Kind ist. Kleine Kinder kann man auf den Schoß nehmen, größeren zum Beispiel den Arm um die Schulter legen.
- Hören Sie zu und vermitteln Sie Ihrem Kind das Gefühl, verstanden und aufgefangen zu werden.
- Falls Sie mit dem Thema Vergebung konfrontiert werden und es nötig ist, zu verzeihen, so bedenken Sie, dass Sie emotionalen Schmerz nur loslassen können, wenn Sie sich zunächst selbst genügend Raum geben, diesen Schmerz zu erkennen und zu akzeptieren.

Schreiben Sie nun noch fünf Dinge auf, die Sie an Ihrem Kind mögen. Konzentrieren Sie sich dabei auf Charaktereigenschaften, nicht auf Äußerlichkeiten oder Leistungen:

»Ich mag an dir, dass du _____

_____ *«*

»Ich freue mich darüber, dass du _____

_____ *«*

»Ich schätze an dir, dass du _____

_____ *«*

»Ich finde es toll, wenn (dass) du _____

_____ *«*

»Ich mag an dir, dass du _____

_____ *«*

Der mitfühlende Brief

Schreiben Sie Ihrer Tochter oder Ihrem Sohn diese Woche
einen Brief, der Verständnis, Mitgefühl und Wohlwollen
zum Ausdruck bringt. Sie müssen ihn nicht verschicken
(obwohl Sie das natürlich einfach mal tun können). Dieser Brief hilft
Ihnen, positive Formulierungen einzuüben und die Verbundenheit zu
Ihrem Kind zu stärken.

Sie können zum Beispiel aufschreiben, was Sie sich für Ihr Kind wünschen (aber nicht »von ihm«!), was Sie an ihm schätzen oder wofür Sie
dankbar sind. Und natürlich können Sie auch alles hineinschreiben, was
Ihnen leid tut oder was Sie gerne anders machen würden.

Lassen Sie die Worte einfach fließen – »richtig« und »falsch« gibt es
jetzt nicht. Lesen Sie sich den Brief anschließend nochmals in Ruhe
durch: Ist der Ton wirklich mitfühlend, offen und freundlich? Oder ver-
stecken sich hinter manchen Sätzen versteckte Kritik oder »elterliche
Ratschläge«?

Oft hilft es, wenn Sie versuchen, aus der Perspektive eines liebevollen
Begleiters zu schreiben – vielleicht der Großmutter oder sogar aus der
Perspektive eines Schutzengels ...

Beginnen Sie den Brief, indem Sie den Namen Ihres Kinder groß in die
erste Zeile schreiben:

Liebe / r ....

4. Woche: Erziehungsstress im Alltag bewältigen

Auch wenn Alltagsstress unterschiedliche Ursachen hat, so äußert er sich doch immer in Form belastender Gefühle. Da sich Ihre belastenden Gefühle mit denen Ihrer Kinder multiplizieren, ist es besonders wichtig, entspannt mit ihnen umgehen zu lernen. Dabei ist Mitgefühl eine große Hilfe.

Und wieder einmal sollten wir bei uns selbst beginnen. Machen wir uns immer wieder klar, dass es vollkommen normal und menschlich ist, Gefühle zu haben. Unser Gefühlsleben ist so bunt wie das Wetter. Mal scheint die Sonne, mal regnet es, und zweifellos werden wir auch manchen Orkan oder aber auch Zeiten erleben, in denen absolute Flaute herrscht. Ein gelungenes Miteinander lebt davon, dass wir unsere eigenen vielfältigen Gefühle ebenso zulassen können wie die unserer Kinder.

Alltagsübung: Mein innerer Wetterbericht

Der »innere Wetterbericht« ist eine kurze Bestandsaufnahme, die Ihnen hilft, Ihre eigenen Stimmungen genauer wahrzunehmen und zu beobachten, wie diese Ihren Körper beeinflussen. Ebenso wie beim richtigen Wetterbericht geht es nur darum, zu erkunden, wie die Lage ist, ohne zu werten. Diese Achtsamkeitsübung wirkt effektiv gegen Stress; durch die Beobachtung der eigenen Gefühle nehmen Sie Kontakt zum Jetzt auf, statt in Wertungen und Grübelei steckenzubleiben.

- Steigen Sie mindestens zweimal täglich aus dem Hamsterrad aus – setzen Sie sich kurz hin und atmen Sie tief durch. Fragen Sie sich dann: »Wie ist mein inneres Wetter gerade?« Achten Sie auf Ihre Stimmungslage, indem Sie metaphorische Begriffe wie »sonnig«, »windstill«, »neblig«, »stürmisch«, »stark bewölkt« oder »schwach bewölkt« benutzen.

Hören Sie nun auf Ihre innere Stimme und kreuzen Sie das jeweilige Wettersymbol an, das am besten Ihre Befindlichkeit ausdrückt:

- Versuchen Sie nun, Ihre Stimmung klar zu benennen. Benutzen Sie jedoch statt der Worte »Ich bin ...« die Worte »Da ist ...« (also nicht »Ich bin wütend«, sondern »Da ist Wut«). Auf diese Weise gewinnen Sie mehr Abstand zu Ihrer Stimmung.
- Versuchen Sie abschließend zu spüren, ob und wie Ihr Gefühl sich auf Ihren Körper auswirkt. Spannen sich bestimmte Muskeln an? Spüren Sie Druck im Hals oder Bauch? Verändert sich Ihre Mimik ...?
- Atmen Sie dann nochmals tief durch und gehen Sie wieder zum Alltag über.

Sie können die Übung in einer noch einfacheren Form einsetzen, indem Sie Ihre Tochter / Ihren Sohn ab und zu nach seiner »inneren Wetterlage« fragen. Erklären Sie dazu kurz die Übung.

Kinder und Gefühle

Natürlich haben nicht nur wir, sondern auch unsere Kinder Gefühle. Das ist gut so, denn erst dadurch werden sie richtig lebendig. Zeigen Sie Ihren Kindern, dass es okay ist, (auch starke) Gefühle zu haben und dass Sie sich ausweinen, enttäuscht oder wütend sein oder auch Ängste haben dürfen. Lassen Sie jedoch nicht zu, dass Ihr Kind in Jammern verfällt. Jammernde Kinder versuchen, ihre Bedürfnisse durch Nörgeln und Quengeln zu erreichen, was schnell zur Gewohnheit wird. Bitten Sie Ihr Kind dann, mit normaler Stimme zu wiederholen, was es gerade braucht.

Obwohl es gerade für Teenager hilfreich wäre, die Macht des Selbstmitgefühls zu erfahren, ist es nicht leicht, ihnen diesen Wert zu vermitteln. Die Pubertät ist eine Zeit intensiver Selbstbewertungen – gerade jetzt vergleichen Kinder sich besonders oft mit anderen. Mitgefühl gilt dann als uncool. Trotzdem lernen Jugendliche gerade in schwierigen Phasen viel durch Vorbilder und Gespräche. Sagen Sie Ihrem Kind, dass alle Menschen zuweilen darunter leiden, nicht »gut genug« zu sein, dass es normal ist, manchmal ausgeschlossen zu werden, Liebeskummer oder Zukunftsängste zu haben. Hier geht es wohlgemerkt nicht um Verniedlichung, sondern um Offenheit und Verständnis. Die folgende Übung hilft, Ihren Kindern mehr Mitgefühl entgegenzubringen.

Übung: Anerkennen und loslassen

- Wenn Sie in dieser Woche das Gefühl haben, dass es Ihrem Kind schlecht geht, sollten Sie sich gemeinsam eine kleine Auszeit gönnen. Wählen Sie einen bequemen Platz, wo Sie sich beide hinsetzen können.

- Beobachten Sie Ihr Kind genau. Anfangs sollten Sie versuchen herauszufinden, welche Gefühle gerade vorherrschen. Bei älteren Kindern müssen Sie ein feines Ohr haben, um Probleme zu erkennen, während es bei Kleineren oft genügt, einfach zu fragen, was passiert ist oder was sie gerade fühlen.

- Gehen Sie freundlich und akzeptierend mit den Gefühlen um. Geben Sie dramatischen Gefühlswellen genug Zeit, wieder abzuebben. Laufen Sie nicht weg, steuern Sie nicht dagegen, geben Sie keine Ratschläge – hören Sie einfach nur zu.

- Oft hilft es, die Gefühle des Kindes zu spiegeln beziehungsweise zu bestätigen. »Du ärgerst Dich also darüber, dass ... – Das kann ich gut verstehen.« Ansonsten sollten Sie einfach nur zuhören und sich währenddessen auf Ihr Herz konzentrieren. Unter welchen Gefühlen Ihr Kind auch immer leiden mag: Sie kennen sie, denn Gefühle sind universell und jeder von uns hat sie schon durchlebt.

- Oft ist es günstig, auch etwas über seine eigenen Gefühle preiszugeben. »Wenn ich höre, dass XY dich in der Schule bloßgestellt hat, macht mich das ganz schön wütend (oder traurig).«

- Gefühle kommen und gehen. Erkennen Sie sie, schreiben Sie sie hier auf, wenn sich die Lage wieder beruhigt hat und gehen Sie dann wieder zu alltäglichen Dingen über.

Übung: Gefühle in Bedürfnisse übersetzen

Im Folgenden möchte ich Sie noch zu einer kleinen Übersetzungsübung einladen. Auch wenn wir belastende Gefühle meist so schnell wie möglich loswerden wollen – sie haben durchaus eine Funktion. Gefühle sind Boten. Sie wollen uns etwas sagen. Sie sind Botschafter unserer Bedürfnisse und zeigen uns, ob wir uns in Richtung Glück oder Unglück bewegen. Wenn wir wütend sind, zeigt das womöglich, dass wir mehr Abgrenzung brauchen. Hinter Ängsten verbirgt sich unsere Sehnsucht nach Sicherheit, Furcht schützt uns vor Risiken und hinter der Trauer steckt manchmal das Bedürfnis nach Nähe.

Versuchen Sie doch selbst einmal, Gefühle in Form von Bedürfnissen zu formulieren:

»Ich bin traurig, weil . . . . *ich mich nach Nähe sehne.*«

»Ich bin ängstlich, weil . . . . *ich mehr Sicherheit brauche.*«

»Ich fühle mich überlastet, weil . . *ich mich nach Ruhe sehne.*«

»Ich bin frustriert, weil . . . .«

»Ich bin verärgert, weil. . . . .«

»Ich bin unruhig, weil . . . .«

»Ich fühle mich ausgenutzt, weil . . . .«

»Ich bin irritiert, weil . . . .«

»Ich fühle mich erschöpft, weil . . . .«

»Ich fühle mich einsam, weil . . . .«

»Ich fühle mich hilflos, weil . . . .«

5. Woche: »Ja« zum Leben sagen

Sie können Ihre Kinder nur dann in Liebe und Achtsamkeit erziehen, wenn Sie sich dem Leben voll und ganz anvertrauen können. »Ja« zu sich selbst, zum Leben und zu seinen Kindern zu sagen ist die Voraussetzung für eine harmonische glückliche Entwicklung. Leicht ist das nicht immer. Stress, Belastungen, schwierige Emotionen und komplizierte Beziehungen werden zu Fallen, doch es gibt einen Weg, der uns davor bewahrt, in diese Fallen zu treten. Dazu müssen wir lernen, uns »umzuprogrammieren« und bewusst immer wieder auf das Schöne in unserem Leben zu blicken.

Ein einfacher Einstieg, um sich dem Leben zu öffnen und Selbstmitgefühl zu üben besteht darin, weniger zu denken und mehr zu genießen.

Ein Genießertest

Jeder Mensch genießt anders und vor allem auch anderes. Für manche sind sinnliche Erfahrungen in ihrem Körper besonders genussvoll, andere erfreuen sich an Gedichten oder inspirierenden Büchern. Der folgende Test dient dazu, herauszufinden, welcher Genusstyp Sie sind.

Benoten Sie die folgenden Aussagen mit Schulnoten: »Note 1« bedeutet, dass die Aussage hundertprozentig auf Sie zutrifft, »Note 6«, dass Sie dabei gar nicht genießen können.

Genussstrategie	*Note 1*	*2*	*3*	*4*	*5*	*6*
Ein Konzert besuchen oder ins Theater gehen	☐	☐	☐	☐	☐	☐
Schokoladenpralinen auf der Zunge zergehen lassen	☐	☐	☐	☐	☐	☐
Sich ein duftendes Schaumbad einlassen	☐	☐	☐	☐	☐	☐
Ein 5-Gänge-Menü bei einem edlen Italiener essen	☐	☐	☐	☐	☐	☐
Eine heiße Dusche, einen Saunabesuch genießen	☐	☐	☐	☐	☐	☐
Einen schönen Film im Kino oder auf DVD ansehen	☐	☐	☐	☐	☐	☐
Einen Spaziergang in der Natur machen	☐	☐	☐	☐	☐	☐
Einen guten französischen Rotwein trinken	☐	☐	☐	☐	☐	☐

	Note 1	2	3	4	5	6
Eine Reise unternehmen	☐	☐	☐	☐	☐	☐
Erotik in der Partnerschaft erleben	☐	☐	☐	☐	☐	☐
Zeit mit Freunden verbringen	☐	☐	☐	☐	☐	☐
Radfahren, Wandern oder Sport machen	☐	☐	☐	☐	☐	☐
Meditieren, faulenzen	☐	☐	☐	☐	☐	☐
Ein spannendes Buch lesen	☐	☐	☐	☐	☐	☐

Überlegen Sie nun einmal, welche Möglichkeiten es gibt, die Zeit, die Sie gemeinsam mit Ihren Kindern verbringen, zu genießen. Vielleicht finden Sie es besonders schön, gemeinsam Spiele zu spielen, eine Geschichte vorzulesen, einen Ausflug ins Grüne zu machen oder ...

Mit meinen Kindern genieße ich besonders, wenn ...

Wenn ich mit meiner Tochter zusammen koche, genieße ich ...

Was macht Ihnen mit Ihren Kindern sonst noch viel Freude?

Übung: Dreimal täglich genießen

Selbstmitgefühl bedeutet, gut für sich zu sorgen. Daher sollten Sie in dieser Woche versuchen, sich dreimal täglich eine »Genusseinheit« zu gönnen. Ob Sie ein Eis essen, durch den Park spazieren, unter der Dusche stehen oder Musik hören – wichtig ist nur, dass Sie ganz eintauchen. Drei Punkte sind dabei zu beachten.

1. Erlauben Sie sich den Genuss. Nehmen Sie sich bewusst Zeit und entscheiden Sie sich, indem Sie zum Beispiel sagen: »Ich werde mein Bad jetzt richtig genießen.«

2. Nehmen Sie sich genug Zeit – auf die Schnelle funktioniert Genießen nicht.

3. Seien Sie achtsam! Sie können Ihr Eis, die Blumen im Park, den Fahrtwind in Ihren Haaren, den Duft der Kräuter nur dann wirklich genießen, wenn Sie Ihre ganze Achtsamkeit auf Ihre Sinne lenken. Was sehen Sie? Was hören, fühlen, riechen oder schmecken Sie? Wie fühlt sich Ihr Körper an?

Notieren Sie hier Ihre genussvollen Erfahrungen und Gefühle:

Die vier Wege zum (Selbst-)Mitgefühl

Die folgenden vier Wege beschreiben die Hauptrouten, die sich wiederum in zahllose Nebenwege aufteilen. Alle diese Wege stehen Ihnen jederzeit offen. Und alle vier Wege führen zu mehr Gelassenheit, Lebendigkeit und Mitgefühl, wovon nicht nur Sie, sondern auch Ihre Kinder profitieren.

1. Der Körper als Weg

Sorgen Sie gut für Ihren Körper. Bewegen Sie sich regelmäßig, machen Sie Spaziergänge, fahren Sie Rad. Lernen Sie Yoga oder Jonglieren. Üben Sie, sich in Ihrem Körper zu entspannen. Atmen Sie. Genießen Sie angenehme Körperempfindungen.

2. Das Denken als Weg

Entspannen Sie Ihren Geist. Lassen Sie mentale Lasten los – beispielsweise Sorgen und Grübelei. Üben Sie, immer wieder »Ja« zu sagen: »Was auch immer passiert: Es ist in Ordnung und es geht vorbei.« Lesen Sie Seneca oder Buddha. Beschäftigen Sie sich mit der Philosophie der Gelassenheit.

3. Die Gefühle als Weg

Konzentrieren Sie sich darauf, positive Gefühle zu pflegen. Meditieren Sie, konzentrieren Sie sich auf die Kraft des Mitgefühls. Spüren Sie Ihrer Lust nach und entdecken Sie Ihre Begeisterung. Beruhigen Sie belastende Emotionen, indem Sie Musik hören, für warme Beziehungen sorgen oder sich mit Poesie und Farben beschäftigen.

4. Das »Du« als Weg

Verheddern Sie sich nicht in Ihren eigenen Problemen, sondern öffnen Sie sich für andere. Lernen Sie zuzuhören, seien Sie zu anderen Menschen freundlich und hilfsbereit. Versuchen Sie zu verzeihen und seien Sie nicht nachtragend. Sprechen Sie mitfühlende Worte und handeln Sie mitfühlend – nicht nur den anderen, sondern auch sich selbst zuliebe.

Übung: Das Dankbarkeitstagebuch

Psychologen empfehlen eine einfache Methode, um Stress abzubauen und ein glücklicheres, sinnvolleres Leben zu führen: Dankbarkeit!

Es gibt täglich unzählige Dinge, für die wir dankbar sein können – auch ganz unscheinbare Kleinigkeiten. Wir können lernen, mehr darauf zu achten, indem wir jeden Abend ein kurzes Dankbarkeitstagebuch schreiben:

Drei Dinge, für die ich heute dankbar bin:

Erstens: --

Zweitens: --

Drittens: --

Und nun abschließend noch
eine weitere Dankbarkeitsübung:
Bedanken Sie sich einmal täglich bei Ihrem Kind
(es muss nichts Besonderes sein!).

Nachwort:
Der erste Schritt auf einer schönen Reise

Ich gratuliere Ihnen: In nur fünf Wochen haben Sie viel gelernt. Doch Güte, Mitgefühl, Offenheit und Wohlwollen sind kostbare Blumen, die gut gepflegt und regelmäßig gegossen werden müssen. Und so können die fünf Wochen nur der erste Schritt auf einer Reise zu sich selbst sein. Dennoch ist dieser Schritt vielleicht der wichtigste, denn er markiert den Beginn dieser Reise.

Mitfühlender zu sein heißt vor allem, dass wir die Kunst erlernen, gut für uns und unsere Kinder zu sorgen. Dazu gehört, dass wir lernen, unsere Bedürfnisse und die unserer Kinder zu verstehen und ernst zu nehmen. Vor allem gehört dazu jedoch auch, dass wir locker bleiben und nicht noch zusätzlichen Stress aufbauen, indem wir versuchen, alles möglichst »gut« und »richtig« zu machen. »Gut« und »falsch« gibt es gar nicht: Es gibt nur Erfahrungen, die wir machen – manche sind angenehm, manche unangenehm, aber all das macht unser Leben aus. Und das unserer Kinder.

Da es heutzutage schon mehr als genug Stress, Unachtsamkeit, Leistungs- und Zeitdruck gibt, ist es umso wichtiger, dass wir schnell damit beginnen gegenzusteuern. Zum Glück können wir lernen, uns zu entspannen, mehr Gelassenheit einzuüben und regelmäßig für etwas Ruhe und für mehr Raum in uns zu sorgen.

Die Herzmeditation bietet dazu eine gute Möglichkeit. Eine weitere bestehl darin, dass wir lernen, die Welt durch die Augen des Mitgefühls zu sehen und uns bewusst zu machen, dass auch wir selbst ein Teil dieser Welt sind.

Vielleicht möchten Sie dieses kleine Buch mit einem großen Vorsatz abschließen. Doch was auch immer Sie verändern möchten – tun Sie es ganz ohne Stress und Druck und mit einem Lächeln auf den Lippen ...

www.systemed.de

Pur – weiß – tödlich.
Warum der Zucker uns umbringt – und wie wir das verhindern können.
Prof. John Yudkin | Prof. Robert Lustig
978-3-942772-41-9
~~19,99 €~~ **14,99 €**

Das Myoreflexkonzept.
Schmerzfrei mit aktiven Muskeln.
Dr. med. E. Jörg | P. Kensok
978-3-942772-49-5
~~19,99 €~~ **13,99 €**

Allergien vorbeugen.
Schwangerschaft und Säuglingsalter sind entscheidend!
Dr. I. Reese | Chr. Schäfer
978-3-927372-50-4
~~14,95 €~~ **9,99 €**

Ich habe so lange auf Dich gewartet!
Der lange Weg durch die Kinderwunsch-therapie. Ein Tagebuch – ärztlich kommentiert und ergänzt – über Hoffnungen, Misserfolge, Wegbegleiter und das Wunschkind.
Prof. M. Ludwig | Maileen L.
978-3-942772-11-2
~~11,95 €~~ **9,59 €**

Ethisch Essen mit Fleisch.
Eine Streitschrift über nachhaltige und ethische Ernährung mit Fleisch und die Missverständnisse und Risiken einer streng vegetarischen und veganen Lebensweise.
Lierre Keith | Ulrike Gonder
978-3-927372-87-0
14,99 €

Köstlich kochen mit Tee.
Einfache und inspirierende Rezepte.
Tanja Bischof | Harry Bischof
978-3-942772-76-1
~~9,95 €~~ **4,99 €**

Der Paleo-Code.
Das Steinzeit-Programm.
Romy Dollé
978-3-927372-86-3
19,99 €

Kräuter & Gewürze als Medizin.
Gesund und schlank mit Vitalkräften aus der Apotheke der Natur.
Klaus Oberbeil
978-3-942772-92-1
~~19,95 €~~ **15,00 €**

Gesund durch Stress!
Wer reizvoll lebt, bleibt länger jung!
Hans-Jürgen Richter
Dr. Peter Heilmeyer
978-3-927372-42-9
~~9,95 €~~ **4,99 €**

Gute Kohlenhyrate – schlechte Kohlenhydrate.
Pfunde verlieren und Energie tanken.
Barbara Plaschka | Petra Linné
978-3-927372-81-8
12,95 €

Schwer verdaulich.
Wie uns die Ernährungsindustrie mästet und krank macht.
Pierre Weill
978-3-942772-40-2
12,95 €

Früchtewampe.
Warum Obst und Gemüse dick machen können.
Romy Dollé
978-3-927372-83-9
19,99 €

NEU

Fit mit 100.
Jung bleiben, länger leben.
- Ein Leben lang schlank & glücklich.
- Programme für Körper und Seele.
- 100 wertvolle Ernährungstipps.
Klaus Oberbeil
978-3-927372-93-1
14,99 €

Yes, I can!
Erfolgreich schlank in 365 Schritten.
Dr. Ilona Bürgel
978-3-927372-51-1
~~15,00 €~~ **4,99 €**

Natürlich verhüten ohne Pille.
Welche Methode ist die beste?
Alle sicheren Alternativen. Was tun bei Kinderwunsch? Wie man die natürlichen Techniken rasch und sicher erlernt.
Anita Heßmann-Kosaris
978-3-927372-63-4
~~14,95 €~~ **8,99 €**

66 Ernährungsfallen
... und wie sie mit Low-Carb zu vermeiden sind.
- in typischen Alltagssituationen
- für Büro und Freizeit
- im Einkaufsführer im Supermarkt
- mit ausführlichem Restaurant-Guide
Barbara Plaschka | Petra Linné
978-3-927372-55-9
15,95 €

Das Kohlenhydratkartell.
Über die Diätkatastrophe, die finsteren Machenschaften der Zuckerlobby und Wege aus dem Diätendschungel.
Clifford Opoku-Afari
978-3-942772-39-6
12,95 €

Iss einfach gut.
Das Prinzip Nahrungskette – einfach und pragmatisch erklärt vom Koch der Deutschen Fußballnationalmannschaft.
In Hardcover-Luxusausführung mit Moleskine Gummi und Saisonkalender als DIN-A3-Poster
Holger Stromberg
978-3-942772-50-1
~~19,99 €~~ **14,99 €**

Warum Fische nie dick werden.
Jung & schlank mit Meeresfrüchten, Omega-3-Fettsäuren, Algen und Jod.
Klaus Oberbeil | Patrick Coudert
978-3-942772-71-6
19,99 €

Homöopathie – sanfte Heilkunst für Babys und Kinder.
Homöopathische Behandlung im Alltag.
Angelika Szymczak
978-3-927372-49-8
~~10,95 €~~ **5,99 €**

Low-Carb für Männer.
Ein Mann – (k)ein Bauch.
Jetzt noch übersichtlicher – mit komplett überarbeiteter Kohlenhydrattabelle zum Nachschlagen.
Barbara Plaschka | Petra Linné
978-3-942772-52-5
15,99 €

Die letzte Reise.
Eine Reise über deutsche Friedhöfe von Sylt bis Konstanz.
Clemens Menne
978-3-927372-76-4
~~24,00 €~~ **20,00 €**

Der Gen-Code.
Das Geheimnis der Epigenetik – wie wir mit Ernährung und Bewegung unsere Gene positiv beeinflussen können.
Dr. Ulrich Strunz
978-3-942772-01-3
14,99 €

Bestellen Sie direkt beim Verlag.
Versandkostenfreie Lieferung.
Alle bereits erschienenen Bücher sind sofort lieferbar.

Mehr Infos zum Programm, zu den Autoren und zu weiteren Neu-erscheinungen finden Sie auf unserer Website www.systemed.de.

Yoga & Achtsamkeit

Das Hatha Yoga Praxisbuch.
Für Einsteiger und Fortgeschrittene.
Marcel Anders-Hoepgen
978-3-95814-035-6 **29,99 €**

Sampoorna Hatha Yoga Stunde. (DVD)
Stufe 1
Marcel Anders-Hoepgen
978-3-927372-64-1 **17,95 €**

Sampoorna Hatha Yoga Stunde. (CD)
Stufe 1
Marcel Anders-Hoepgen
978-3-927372-65-8 **9,79 €** ~~14,95 €~~

Sampoorna Hatha Yoga Stunde. (DVD)
Leichte Mittelstufe
Schwerpunkt: Dehnung der Hüften
Marcel Anders-Hoepgen
978-3-942772-04-4 **17,95 €**

Hatha Yoga Stunde. (DVD)
Leichte Mittelstufe
Schwerpunkt: Kraftaufbau
Marcel Anders-Hoepgen
978-3-927372-84-9 **17,99 €**

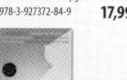

Hebammen Yoga.
Übungen zur Geburtsvorbereitung und Rückbildung. Inkl. Mantra-Audio-CD.
Marcel Anders-Hoepgen
978-3-927372-99-3 **5,99 €** ~~18,99 €~~

Hebammen Yoga. (Doppel-DVD)
Übungen zur Geburtsvorbereitung und Rückbildung.
Marcel Anders-Hoepgen
978-3-942772-03-7 **16,95 €**

Yoga von Kopf bis Fuß.
5-Minuten-Übungen aus dem Sampoorna Hatha Yoga.
Die Box beinhaltet:
- Augenentspannung (CD)
- Gleichgewicht (CD)
- Oberen Rücken stärken (CD)
- Unteren Rücken stärken (CD)
- Bauchmuskulatur stärken (CD)
Marcel Anders-Hoepgen **15,00 €**
978-3-942772-45-7 ~~19,00 €~~
(erhältlich solange der Vorrat reicht)

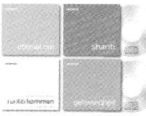

Nada-Yoga-Musik-Reihe.
Marcel Anders-Hoepgen
Eternal OM (CD)
978-3-942772-16-7 **9,99 €**
Shanti (CD)
978-3-942772-29-9 **9,99 €**
Runterkommen (CD)
978-3-942772-17-4 **9,99 €**
Gelassenheit (CD)
978-3-942772-15-0 **9,99 €**

Marcel Anders-Hoepgen
Besser schlafen. (CD)
Entspannung für die Nacht.
978-3-942772-25-9 **9,99 €**
Gut schlafen. (CD)
Entspannung für die Nacht.
978-3-927372-62-7 **9,95 €**
Kraft tanken. (CD)
Entspannung für den Tag.
978-3-927372-61-0 **7,99 €**

Rücken for fit.
Das 30-Tage-Programm für einen schmerzfreien Rücken in nur fünf Minuten pro Tag.
Inklusive Übungs-DVD.
Marcel Anders-Hoepgen
978-3-942772-53-2 **14,99 €** ~~18,99 €~~

Marcel Anders-Hoepgen
Augenentspannung (CD)
978-3-927372-71-9 **8,95 €**
Gleichgewicht (CD)
978-3-927372-72-6 **8,95 €**
Nackenentspannung (CD)
978-3-927372-70-2 **8,95 €**
Oberen Rücken stärken (CD)
978-3-927372-73-3 **8,95 €**
Unteren Rücken stärken (CD)
978-3-927372-74-0 **8,95 €**
Bauchmuskulatur stärken (CD)
978-3-927372-75-7 **8,95 €**

Die Yogi-Methode.
30-Tage-Challenge zur achtsamen Ernährung.
Vegan – ayurvedisch – yogisch.
Inklusive DVD.
Marcel Anders-Hoepgen
978-3-942772-69-3 **19,99 €**

Yoga: Jeden Tag neu!
Über 100.000 mögliche Kombinationen für Übungseinheiten à 5 bis 10 Minuten.
Marcel Anders-Hoepgen **13,99 €**
978-3-927372-69-6 ~~20,00 €~~

Sonnengruß, Teil 1. (DVD + CD)
Das perfekte Workout.
Marcel Anders-Hoepgen
978-3-927372-77-1 **9,99 €** ~~16,95 €~~

Sonnengruß, Teil 2. (DVD + CD)
Der perfekte Stressabbau.
Marcel Anders-Hoepgen **9,99 €**
978-3-927372-97-9 ~~16,95 €~~

Yoga X-Large.
Auch Dicke können Yoga machen!
Yoga- und Bewusstheitsübungen für Menschen mit Plus-Size-Körpern.
Birgit Feliz Carrasco
978-3-942772-77-8 **17,99 €**

Anti-Stress-Yoga.
Kartenbox mit 18 Rezepten und 56 Āsanas.
Petra Orzech
978-3-942772-85-3 **14,99 €**

Der Glücksvertrag
Das 21-Tage-Programm. Ein glückliches Leben in Balance dank einer Formel aus Psychologie und fernöstlicher Heilkunst.
A. Mehta | G. Brüggemann **5,99 €**
978-3-942772-14-3 ~~14,99 €~~

Mut zur Trennung.
Plädoyer für eine mutige und produktive Entscheidung – Kinder brauchen Aufrichtigkeit.
Jutta Martha Beiner **9,59 €**
978-3-942772-47-1 ~~18,99 €~~

Der Burnout-Irrtum
Ausgebrannt durch Vitalstoffmangel – Burnout fängt in der Körperzelle an! Das Präventionsprogramm mit Praxistipps und Fallbeispielen.
Uschi Eichinger | Kyra Hoffmann
978-3-942772-06-8 **19,99 €**

Die Anti-Stress-Ernährung.
Die LOGI-Methode zur Stressbewältigung.
Mehr Power für die Körperzellen.
Uschi Eichinger | Kyra Hoffmann
978-3-942772-67-9 **19,99 €**

Schlank durch Achtsamkeit.
Durch inneres Gleichgewicht zum Idealgewicht.
Ronald Pierre Schweppe
978-3-942772-90-7 **14,99 €**

Achtsam abnehmen.
33 Methoden für jeden Tag.
Ronald Pierre Schweppe
978-3-942772-90-0 **12,99 €**

Warum Stress dick macht.
... und warum wir entspannt schneller abnehmen.
Ronald Pierre Schweppe **9,75 €**
978-3-942772-51-8 ~~12,99 €~~

Glückliche Kinder.
Erziehung in Liebe & Achtsamkeit.
Aus der Reihe »mitGefühl«
Ronald Pierre Schweppe
978-3-95814-000-4 **7,99 €**

Starke Partner.
Beziehung in Liebe & Achtsamkeit.
Aus der Reihe »mitGefühl«
Aljoscha Long
978-3-95814-001-1 **7,99 €**

Dauerhaft schlank.
Ernährung mit Liebe & Achtsamkeit.
Aus der Reihe »mitGefühl«
Dr. Julia Bollwein
978-3-95814-002-8 **7,99 €**

Selbstheilung.
Gesundheit durch Liebe & Achtsamkeit.
Aus der Reihe »mitGefühl«
Fei Long
978-3-95814-003-5 **7,99 €**

systemed Verlag
Kastanienstraße 10
D-44534 Lünen
Telefon 02306 63934
Telefax 02306 61460
www.systemed.de
faltin@systemed.de

Liebe beginnt mit Selbstliebe. Wer in sich selbst ruht, hat mehr zu geben. Jeder will lieben und geliebt werden – und doch fehlt der Liebe oft ein wichtiger Teil: die Selbstliebe. Nicht etwa Egoismus, sondern das Ruhen in sich selbst, das erst ein gemeinsames, liebevolles Wachstum möglich macht. Liebe ist so kostbar und fragil – will man sie mit aller Kraft festhalten, zerbricht sie. Wenn Sie die Fähigkeit entwickeln, sich selbst zu lieben, werden Sie gelassener – und wo ist das wichtiger als in einer Liebesbeziehung? Unterbrechen Sie den Kreislauf aus negativem Denken, alltäglichen Nörgeleien, Sorgen, Leistungsdenken und Verlustängsten, indem Sie mitfühlende Selbstliebe und Herzensgüte kultivieren – nicht nur sich selbst, sondern auch Ihrem Partner zuliebe.

Der erste Schritt auf dem Weg zum Idealgewicht: Lieben Sie sich selbst! Der effektivste Weg, um dauerhaft abzunehmen, besteht nicht darin, Kalorien zu zählen oder gegen seine Bedürfnisse anzukämpfen. Im Gegenteil: Nur wenn Sie mit sich selbst Freundschaft schließen und lernen, der Intelligenz Ihres Körpers zu vertrauen, werden Sie auch auf der Waage erfolgreich sein. Studien belegen: Die Kraft der Selbstfürsorge hilft uns, unsere Schwächen in Stärken zu verwandeln. Nur wer sich selbst zu lieben lernt, kann sich von belastenden Essmustern befreien und langfristig Übergewicht abbauen. Der Hunger nach Leben, der hinter allen Gewichtsproblemen steckt, lässt sich nie durch (zu viel) Essen sättigen, sondern nur durch Mitgefühl und Achtsamkeit.

Wer sich selbst achtet, lernt, sich selbst zu heilen. Ganzheitliche und umfassende Gesundheit ist lange nicht nur ein Funktionieren von Organen und Stoffwechsel. Ihr Kern ist ein tief empfundenes Wohlfühlen mit sich selbst. Wer ein echtes Bewusstsein für seinen Körper entwickelt, ist in der Lage, seine ureigene Fähigkeit zur Selbstheilung zu aktivieren – und damit sogar physiologische Abläufe wie Blutdruck, Muskeltonus, Immunabwehr und Hormonhaushalt zu beeinflussen. Das ist weder Glaube noch esoterische Theorie! Dieser Zusammenhang wurde durch die Forschung immer wieder nachgewiesen. Dieser erstaunliche Ratgeber leitet an, sich selbst – mit allen kleineren und größeren Schwachpunkten – liebevoll anzunehmen.

mitGEFÜHL – die neue Reihe zum philosophischen Thema Nummer eins: Achtsamkeit. »mitGEFÜHL«, so heißt die neue Reihe bei systemed, die Anfang 2015 mit vier Titeln rund um das buddhistische Konzept »Self-Compassion« – also Selbstmitgefühl oder Selbstfürsorge – gestartet ist. mitGEFÜHL ist angewandte Achtsamkeit. Lebenskunst und Lebensliebe in ihrer schönsten Form.

Glückliche Kinder.
Erziehung in Liebe & Achtsamkeit.
Aus der Reihe »mitGefühl«
Ronald Pierre Schweppe
978-3-95814-000-4   **7,99 €**

Starke Partner.
Beziehung in Liebe & Achtsamkeit.
Aus der Reihe »mitGefühl«
Aljoscha Long
978-3-95814-001-1   **7,99 €**

Dauerhaft schlank.
Ernährung mit Liebe & Achtsamkeit.
Aus der Reihe »mitGefühl«
Dr. Julia Bollwein
978-3-95814-002-8   **7,99 €**

Selbstheilung.
Gesundheit durch Liebe & Achtsamkeit.
Aus der Reihe »mitGefühl«
Fei Long
978-3-95814-003-5   **7,99 €**

systemed Verlag
Kastanienstraße 10
D-44534 Lünen
Telefon: 02306 63934
Telefax: 02306 63934
Fax: 02306 61460
faltin@systemed.de

systemed verlag